Wilhelm Kothe

Gesangbuch für katholische Schulen

Wilhelm Kothe

Gesangbuch für katholische Schulen

ISBN/EAN: 9783743432376

Hergestellt in Europa, USA, Kanada, Australien, Japan

Cover: Foto ©Thomas Meinert / pixelio.de

Weitere Bücher finden Sie auf **www.hansebooks.com**

Gesangbuch
für
katholische Schulen.

Eine Sammlung

von 140 ein- und mehrstimmigen Schul- und
Volksliedern.

Herausgegeben von

Wilhelm Kothe,

Königl. Musikdirektor u. Seminar-Oberlehrer.

Mit hoher Genehmigung des Hochwürdigsten Herrn Fürstbischofs von Breslau und
des Hochwürdigsten Herrn Bischofs von Ermland.

Neunzehnte, verbesserte Auflage.

Leipzig, 1894.
Ed. Peter's Verlag.

Vorbemerkung.

Je mehr in neuerer Zeit die Bedeutung eines guten Schul- und Kirchengesanges erkannt und gewürdigt wird, desto mehr tritt der Wunsch nach guten Lehr- und Lernmitteln in den Vordergrund. Während für gute Ausgaben kirchlicher, zu einem feststehenden Cyklus verbundener Gesänge fast überall gesorgt ist, dürfte die Zahl guter Schulgesangbücher, welche einen für die ganze Schulzeit und alle Verhältnisse des Schullebens berechneten, in einem billigen Hefte vereinigten Gesangstoff bieten, trotz der Mannigfaltigkeit der auf diesem Gebiete erfolgten Ausbeute noch immer eine beschränkte zu nennen sein. Um in dieser Beziehung eine Lücke auszufüllen, unternahm der Herausgeber die Zusammenstellung und Bearbeitung vorliegender Liedersammlung.

Bei der Auswahl und Zusammenstellung der Lieder waren folgende Gesichtspunkte maßgebend:

1. Die Liedersammlung gibt den Singstoff für die ganze Schulzeit, also für einen Zeitraum von ungefähr 8 Jahren, und zwar in möglichst eingehaltener Stufenfolge vom Leichten zum Schweren.

2. Durch den Gesang in der Schule soll ein allgemeiner Lebensgesang vorbereitet und gewonnen werden; eine besondere Rücksichtnahme auf solche Lieder, welche ins Leben hineinreichen — also eine entsprechende Wahl weltlicher und geistlicher Volkslieder — erschien daher geboten.

3. Der Gesangunterricht geschieht nach dem Gehöre mit Hilfe der Noten; das selbständige Singen nach Noten dürfte sich nur in gehobenen Schulen empfehlen.

4. Die Pflege des drei- und vierstimmigen Gesanges in der Volksschule ist nur unter besonders günstigen Umständen gestattet; vorherrschend zu üben ist der ein- und zweistimmige Gesang.

5. Es erweist sich als notwendig, jedem Kinde nach erlangter Lesefertigkeit ein Liederbuch in die Hand zu geben; gleichwohl müssen die geistlichen und weltlichen Volkslieder ihrem ganzen Inhalte nach allmählich dem Gedächtnisse als unverlierbares Eigentum eingeprägt werden.

Liebenthal, im August 1865.

Der Herausgeber.

Zur vierten Auflage.

Auch in dieser Ausgabe hat der Gesangstoff hier und da nach der oben angedeuteten Richtung hin eine weitere Ausgestaltung erfahren, welche geeignet sein dürfte, die Brauchbarkeit des Büchleins zu erhöhen und demselben neue Freunde zuzuführen.

Habelschwerdt, im Mai 1873.

Der Herausgeber.

Zur zehnten Auflage.

Die überaus günstige Aufnahme, welche vorliegendes Gesangbuch mit immer wachsendem Erfolge bei Lehrenden und Lernenden gefunden hat, verpflichtet den Unterzeichneten zu aufrichtigem Dant, den er hiermit speziell allen Kollegen auszusprechen sich erlaubt. Es wird auch ferner mein ernstes Bestreben sein, den mit Bezug auf die Verbesserung des Inhalts und der Form des Werkchens mir zugehenden Vorschlägen möglichst gerecht zu werden. Durch Anwendung der neuen deutschen Rechtschreibung schon in gegenwärtiger Auflage glaubte ich nicht nur der Bestimmung der hohen Schulbehörde zu entsprechen, sondern auch den Wünschen aller hierbei beteiligten Kreise entgegen zu kommen.

Habelschwerdt, im März 1880.

Der Herausgeber.

Zur achtzehnten Auflage.

Um das auch in unseren Volksschulen zu Tage tretende Bedürfnis nach einer größeren Auswahl geeigneter Lieder zum Gebrauch bei Schul- bezw. patriotischen Festen zu befriedigen, ist die Anzahl der Lieder um 12 Nummern vermehrt worden. Dieselben finden sich unter Nr. 108—119 der Sammlung eingereiht und mögen ihrem textlichen und musikalischen Inhalte nach einer allseitig freundlichen Aufnahme empfohlen sein.

Habelschwerdt, im April 1893.

Der Herausgeber.

A. Untere Stufe.

(Ausschließliches Singen nach dem Gehöre.)

1. Das Schäfchen.

Mäßig.   C. Anschütz, † 1861 zu Leipzig.

1. Auf dem grü-nen Ra-sen, wo die Veil-chen blüh'n,

geht mein Schäfchen gra-sen in dem jun-gen Grün.

2. Auf der grünen Weide froh mein Schäfchen springt, fühlt wie ich die Freude, die der Frühling bringt.

3. Wo die Blümchen blinken an der Quelle Saum, geht mein Schäfchen trinken, schläft dann unterm Baum.

4. Immer, Schäfchen, freue dich der Herrlichkeit; denn des Himmels Bläue währt oft kurze Zeit!

C. Anschütz.

2. Die Biene.

Munter.   Volksweise.

1. Summ, summ, summ! Bien-chen, summ' her - um!

Ei, wir thun dir nichts zu - lei - de, flieg' nur aus in Wald und Heide!

Summ, summ, summ! Bien-chen, summ' her - um!

2. Summ, summ, summ! Bienchen, summ' herum! Such' in Blumen, such' in Blümchen dir ein Tröpfchen, dir ein Krümchen! Summ, summ, summ! Bienchen, summ' herum!

Anmerkung. Für den späteren beliebigen Gebrauch sind die meisten Lieder der unteren Stufe schon zweistimmig gesetzt.

*) Das ꜗ deutet die Hauptpunkte an, wo außer den Pausen noch geatmet werden kann.

3. Summ, summ, summ! Bienchen, summ' herum! Kehre heim mit reicher Habe, bau' uns manche volle Wabe! Summ, summ, summ! Bienchen, summ' herum!

4. Summ, summ, summ! Bienchen, summ' herum! Bei den heil'gen Christgeschenken wollen wir auch dein gedenken. Summ, summ, summ! Bienchen, summ' herum!

5. Summ, summ, summ! Bienchen, summ' herum! Wenn wir mit dem Wachsstock suchen Pfeffernüß' und Honigkuchen. Summ, summ, summ! Bienchen, summ' herum!

Heinrich Hoffmann von Fallersleben, geb. 1798, Fürstl. Corvey'scher Bibliothekar, früher Professor in Breslau, † 1874.

3. Wiegenlied.

Mäßig und sanft.   Volkslied.

1. Schlaf', Kindchen, schlaf! Der Va-ter hüt't die Schaf'; die Mut-ter schüt-telt's Bäu-me-lein, da fällt her-ab ein Träu-me-lein. Schlaf', Kindchen, schlaf'!

2. Schlaf', Kindchen, schlaf'! Am Himmel ziehn die Schaf: die Stern-lein sind die Lämmelein, der Mond, der ist das Schäferlein. Schlaf', Kindchen, schlaf!

3. Schlaf', Kindchen, schlaf'! Christkindlein hat ein Schaf, ist selbst das liebe Gotteslamm, das um uns all' zu Tode kam. Schlaf', Kindchen, schlaf'!

Aus „Des Knaben Wunderhorn."

4. Winters Abschied.

Mäßig bewegt.   Volksweise.

1. Winter, a-de! Scheiden thut weh'. A-ber dein Scheiden macht, daß jetzt mein Her-ze lacht. Win-ter, a-de! Scheiden thut weh'.

2. Winter, ade! Scheiden thut weh'. Gerne vergeß ich dein, kannst immer ferne sein. Winter, ade! Scheiden thut weh'.

3. Winter, ade! Scheiden thut weh'. Gehst du nicht bald nach Hauf', lacht dich der Kuckuck aus. Winter, ade! Scheiden thut weh'. H. H. v. F.

5. Frühlingsbotschaft.

Munter, bewegt. · Volksweise.

mf

1. Kuckuck, Kuckuck ruft aus dem Wald. Laſ-ſet uns ſin-gen,

f

tan-zen und ſpringen! Frühling, Frühling wird es nun bald.

2. Kuckuck, Kuckuck läßt nicht ſein Schrei'n: „Kommt in die Felder, Wieſen und Wälder! Frühling, Frühling, ſtelle dich ein!"

3. Kuckuck, Kuckuck, trefflicher Held! Was du geſungen, iſt dir ge-lungen: Winter, Winter räumet das Feld! H. H. v. F.

6. Rätsel.

Munter, erzählend. Volksweise.

Einzelne.

1. { Ein Männlein ſteht im Wal-de ganz ſtill und ſtumm.
   { Es hat von lau-ter Pur-pur ein Mänt'lein um.

Sagt, wer mag das Männ-lein ſein, das da ſteht im

Von allen wiederholt.

Wald al-lein mit dem pur-pur-ro-ten Män-te-lein?

2. Das Männlein ſteht im Walde auf einem Bein und hat auf ſeinem Haupte ſchwarz Käpplein klein. Sagt, wer mag das Männlein ſein, das da ſteht im Wald allein mit dem kleinen, ſchwarzen Käppelein? H. H. v. F.

7. Warnung.

Nicht zu geſchwind. Volksweiſe.

mf p

1. Fuchs, du haſt die Gans geſtohlen, gib ſie wieder her! gib ſie wieder

her! Sonst wird dich der Jä-ger ho-len mit dem Schießge-wehr.

2. Seine große, lange Flinte |: schießt auf dich den Schrot, :| |: daß dich färbt die rote Tinte, und du bist dann tot. :|

3. Liebes Füchslein, laß dir raten, |: sei doch nur kein Dieb! :| |: Nimm, du brauchst nicht Gänsebraten, mit der Maus fürlieb! :| E. Anschütz.

Mäßig bewegt. ### 8. Frühlingslied. **Alte schlesische Volksweise.**

1. Al-le Vö-gel sind schon da, al-le Vö-gel, al-le!

Welch ein Sin-gen, Mu-si-zier'n, Pfeifen, Zwitschern, Ti-re-lier'n!

Frühling will nun einmarschier'n, kommt mit Sang und Schal-le.

2. Wie sie alle lustig sind, flink und froh sich regen! |: Amsel, Drossel, Fink und Star und die ganze Vogelschar wünschet dir ein frohes Jahr, lauter Heil und Segen. :|

3. Was sie uns verkündet nun, nehmen wir zu Herzen: |: Wir auch wollen lustig sein, lustig wie die Vögelein, hier und dort, feldaus, feldein, singen, springen, scherzen! :| H. H. v. F.

9. Die Kinder bei der Krippe.

Munter und froh. J. A. P. Schulz, Kgl. Dän. Kapellmeister, † 1800 in Schwedt a/O.

1. { Ihr Kin-de-lein, kom-met, o kom-met doch all' und
   zur Krip-pe her, kom-met, in Beth-le-hem's Stall,

seht, was in die-ser hoch-hei-li-gen Nacht der Va-ter im

Him = mel für Freu = de uns macht!

2. O seht in der Krippe im nächtlichen Stall, seht hier bei der Lichtlein hellglänzendem Strahl in reinlichen Windeln das himmlische Kind, viel schöner und holder, als Engel es sind!

3. Da liegt es — ach, Kinder, auf Heu und auf Stroh; Maria und Joseph betrachten es froh; die redlichen Hirten knie'n betend davor, hoch oben schwebt jubelnd der Engelein Chor.

4. O beugt, wie die Hirten, anbetend die Knie', erhebet die Händlein und danket, wie sie! Stimmt freudig, ihr Kinder, — wer sollt' sich nicht freu'n? — stimmt freudig zum Jubel der Engel mit ein!

5. O betet: Du liebes, du göttliches Kind, was leidest du alles für unsere Sünd'! Ach, hier in der Krippe schon Armut und Not, am Kreuze dort gar noch den bitteren Tod.

6. Was geben wir Kinder, was schenken wir dir, du bestes, du liebstes der Kinder, dafür? Nichts willst du von Schätzen und Freuden der Welt, — ein Herz nur voll Unschuld allein dir gefällt.

7. So nimm uns're Herzen zum Opfer denn hin; wir geben sie gerne mit fröhlichem Sinn; — und mache sie heilig und selig, wie dein's, und mach' sie auf ewig mit deinem nur Eins. Chr. v. Schmid. Jugendschriftsteller, † 1854.

10. Das Bächlein.

(D = Es) Munter.   W. Kothe.

1. Du Bäch-lein, sil-ber-hell und klar, du eilst vor-ü-ber immer-dar, am U-fer steh' ich, sinn' und sinn': Wo kommst du her, wo gehst du hin? du Bächlein, silber-hell und klar, so hell und klar!

2. Ich komm' aus dunkler Erde Schoß; mein Lauf geht über Blum' und Moos; auf meinem Spiegel schwebt so mild des blauen Himmels freundlich Bild, auf meinem Spiegel schwebt so mild des Himmels Bild.

3. D'rum hab' ich frohen Kindersinn; es treibt mich fort, weiß nicht wohin. Der mich gerufen aus dem Stein, der, hoff' ich, wird mein Führer sein, der, hoff' ich, wird mein Führer sein, mein Führer sein.

11. Nachtgebet.

Andächtig. cresc.

1. Mü-de bin ich, geh' zur Ruh', schlie-ße bei-de Äuglein zu:

Va-ter, laß die Au-gen dein ü-ber meinem Bet-te sein!

2. Hab' ich Unrecht heut' gethan, sieh' es, lieber Gott, nicht an!
Deine Gnad' und Jesu Blut macht ja allen Schaden gut.

3. Vater, hab' mit mir Geduld und vergib mir meine Schuld, wie
ich allen auch verzeih', daß ich ganz in Liebe sei.

4. Alle, die mir sind verwandt, Gott, laß ruh'n in deiner Hand;
alle Menschen, groß und klein, sollen dir befohlen sein.

5. Kranken Herzen sende Ruh', nasse Augen schließe zu; laß den Mond
am Himmel stehn und die stille Welt besehn.

Luise Hensel,
† 1876 zu Münster.

12. A. Gott im Himmel.

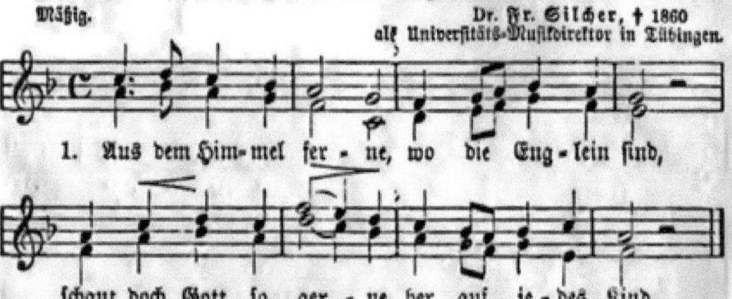

Mäßig.

Dr. Fr. Silcher, † 1860
als Universitäts-Musikdirektor in Tübingen.

1. Aus dem Him-mel fer-ne, wo die Eng-lein sind,

schaut doch Gott so ger-ne her auf je-des Kind.

2. Höret seine Bitte treu bei Tag und Nacht, nimmt's bei jedem
Schritte väterlich in acht.

3. Gibt mit Vaterhänden ihm sein täglich Brot, hilft an allen
Enden ihm aus Angst und Not.

W. Hey, geb. 1789.

12. B. Das Christkind.

1. Alle Jahre wieder kommt das Christuskind auf die Erde nieder,
wo wir Menschen sind.

2. Kehrt mit seinem Segen ein in jedes Haus, geht auf allen
Wegen mit uns ein und aus.

3. Ist auch mir zur Seite, still und unerkannt, daß es treu mich
leite an der lieben Hand.

W. Hey.

13. Sehnsucht nach der Mutter.

Munter. Volksweise.

1. Wenn ich ein Vög-lein wär' und auch zwei Flü-gel hätt',
flög' ich zu dir; weil's a - ber nicht kann sein, weil's a - ber
nicht kann sein, bleib' ich all - hier.

2. Bin ich gleich weit von dir, träum' ich doch stets von dir, bin
nicht allein; |: wach' ich vom Schlafe auf, :| bin ich allein.

3. Einsam dann weine ich, nenne im Seufzen dich, doch du bleibst
fern. |: Mutter, o Mutter mein, :| bleib' nicht mehr fern!

Nach einem Liede aus: „Des Knaben Wunderhorn."

14. Schützenlied.

(Bei einstimmiger Ausführung: Tonhöhe F-dur.) B. A. Weber, Kgl. Preuß. Kapellmeister, † 1821.

Munter. Volkslied.

1. Mit dem Pfeil, dem Bo-gen, durch Ge-birg' und Thal,
kommt der Schütz' ge-zo-gen früh im Morgen-strahl. La la
la la la la la la la la la la la la la la la — la la
la la la la la la la la la la la la la la la!

2. Wie im Reich der Lüfte König ist der Weih': durch Gebirg' und Klüfte herrscht der Schütze frei. La la la 2c.

3. Ihm gehört das Weite; was sein Pfeil erreicht, das ist seine Beute, was da fleucht und kreucht. La la la 2c.   F. v. Schiller, † 1805 zu Weimar.

15. Finklein und Bäuerlein.   B. Kothe,

Nicht zu schnell.   Kgl. Musikdirektor und Seminarlehrer zu Breslau.

1. Bäu-er-lein, Bäu-er-lein, tik tik tak, hast ei-nen gro-ßen Ha-ber-sack, hast viel Wei-zen und viel Korn; Bäuer-lein, dich hab' ich gern; Bäu-er-lein, Bäu-er-lein, tik tik tak, hast ei-nen gro-ßen Ha-ber-sack.

2. Bäuerlein, Bäuerlein, tik tik tak, komm' zu dir mit Sack und Pack; komm' zu dir nur, daß ich lern', wie man ausdrischt Korn und Kern. Bäuerlein, Bäuerlein, tik tik tak, komm' zu dir mit Sack und Pack.

3. Bäuerlein, Bäuerlein, tik tik tak, ei, wie ist denn der Geschmack von dem Korn und von dem Kern, daß ich's unterscheiden lern'? Bäuer-lein, Bäuerlein, tik tik tak, ei, wie ist denn der Geschmack?

4. Bäuerlein, Bäuerlein spricht und lacht: Finklein, nimm dich nur in acht, daß, wenn ich Korn dresch' und klopf', dich nicht treffe auf den Kopf; Bäuerlein, Bäuerlein spricht und lacht: Finklein, nimm dich nur in acht!

5. Komm' herein, komm' herein, such' und lug', bis du satt und hast genug, daß du nicht mehr hungrig bist, wenn das Korn gedroschen ist. Komm' herein, komm' herein, such' und lug', bis du satt und hast genug!

Fr. Güll.

16. Das Röslein.   J. Fr. Reichardt,

Erzählend.   Kgl. Preuß. Kapellmeister, † 1814.
Einzelne.   Volksweise.

1. Wohl ein einsam Röslein stand welk und matt am We-ge, von des

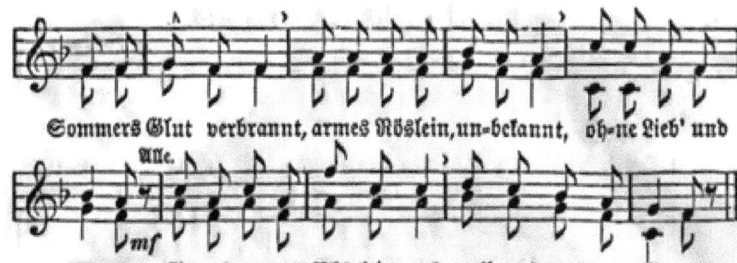

Sommers Glut verbrannt, armes Röslein, un-bekannt, oh-ne Lieb' und Pfle-ge. Armes, armes Rös-lein, ach, welk und matt am We-ge!

2. Kam ein Mägdlein her und sah Röslein an dem Wege: „Röslein, stehst so einsam da? Sei getrost, ich komme ja, daß ich deiner pflege." Armes, armes Röslein, ach, welk und matt am Wege!

3. Mägdlein sprang im schnellen Lauf zu der Quell' am Wege: träuft des Quellchens Tau darauf, Röslein that das Knöspchen auf, dankend holder Pflege. Röslein, schönes Röslein blüht duftend nun am Wege.

Dr. F. A. Krummacher, † 1845 zu Bremen.

Erzählend. 17. Der Bauer und das Häslein. Volkslied.
Einzelne. Von allen wiederholt.

Bauer. 1. Gestern a-bend ging ich aus, ging wohl in den Wald hinaus;

Einzelne.

saß ein Häslein in dem Strauch, guckt mit sei-nen Äuglein raus;

Von allen wiederholt.

kommt das Häs-lein dicht her-an, daß mir's was er-zählen kann.

Häslein. 2. „Bist du nicht der Jägersmann, hetz'st auf mich die Hunde an? Wenn dein Windspiel mich ertappt, hast du, Jäger, mich erschnappt. Wenn ich an mein Schicksal denk', ich mich recht von Herzen kränk'."

Bauer. 3. Armes Häslein, bist so blaß! Geh' dem Bauer nicht mehr ins Gras; geh' dem Bauer nicht mehr ins Kraut, sonst bezahlst's mit deiner Haut; sparst dir manche Not und Pein, kannst mit Lust ein Häslein sein!

A. Schiebenbusch. (Nach einem älteren Volksliede. 1575.)

Anmerkung. Die Zweistimmigkeit wird hier nur bei der Wiederholung im Chor angewendet.

Leicht und munter. **18. Vögelein im Tannenwald.** Volksweise.

1. Vö-ge-lein im Tan-nen-wald pfei - fet so hell, ti - re - li,

Vö-ge-lein im Tan-nen-wald pfei-fet so hell! Pfei-fet den Wald

aus und ein, leh-ret uns im - mer fröh-lich fein! Vö-ge-lein im

Tan - nen-wald pfei - fet so hell.

2. |: Vögelein am kühlen Bach pfeifet so süß, (tireli), :| pfeifet den Bach auf und ab, o, wie ich daran Freude hab'! Vögelein 2c.

3. |: Möchte in die weite Welt fliegen wie du, (tireli). :| fort über Berg, über Thal, im heitern, warmen Sonnenstrahl! Möchte in die 2c.

19. Der alte Landmann an seinen Sohn. W. Mozart, geb. 1756 zu Salzburg, † 1791 zu Wien.

Mäßig bewegt.

1. Üb' immer Treu' und Redlichkeit bis an dein küh-les Grab, und

wei - che kei - nen Fin-ger breit von Got - tes We-gen ab!

2. Dann wirst du wie auf grünen Au'n durch's Pilgerleben gehn. Dann kannst du ohne Furcht und Grau'n dem Tod ins Auge sehn.

3. Dann wird die Sichel und der Pflug in deiner Hand so leicht; dann singest du beim Wasserkrug, als wär' dir Wein gereicht.

4. Dem Bösewicht wird alles schwer, er thue, was er thu'; das Laster treibt ihn hin und her und läßt ihm keine Ruh'.

5. D'rum übe Treu' und Redlichkeit bis an dein kühles Grab, und weiche keinen Finger breit von Gottes Wegen ab!

6. Dann suchen Enkel deine Gruft und weinen Thränen d'rauf; und Sommerblumen, voll von Duft, blühn aus den Thränen auf.

L. Hölty, † 1776 zu Hannover.

20. Sehnsucht nach dem Frühlinge.

Langsam. — Volksweise.

1. O, wie ist es kalt geworden und so trau-rig, öd' und leer!

Rauhe Winde weh'n von Norden, und die Sonne scheint nicht mehr.

2. Auf die Berge möcht' ich fliegen, möchte seh'n ein grünes Thal, möcht' in Gras und Blumen liegen und mich freu'n am Sonnenstrahl!

3. Möchte hören die Schalmeien und der Herden Glockenklang, möchte freuen mich im Freien an der Vögel süßem Sang!

4. Schöner Frühling, komm' doch wieder! Lieber Frühling, komm' doch bald! Bring' uns Blumen, Laub und Lieder, schmücke wieder Flur und Wald!

H. H. v. F.

21. Der Lenz.

Munter. — Fr. Silcher.

1. Der Lenz ist an-ge-kom-men! Habt ihr es nicht ver-

nom-men? Es sa-gen's al-le Blüme-lein, es singen's al-le

Vö-gelein: Der Lenz, der Lenz, der Lenz ist an-ge-kom-men.

2. Ihr seht es an den Feldern, ihr hört es in den Wäldern; der Kuckuck ruft, der Finke schlägt, es jubelt alles, was sich regt: Der Lenz 2c.

3. Hier Blümlein auf der Heide, dort Schäflein auf der Weide! Ach, seht doch, wie sich alles freut! Die ganze Welt fühlt sich erneut: Der Lenz 2c.

Aus: „des Knaben Wunderhorn."

22. Die kleine Geige.
(Spielliedchen.)

Nach einer Melodie v. Fr. Lachner,
Musikdirektor in München.

Leicht bewegt.

1. Ei-ne klei-ne Gei-ge möcht' ich ha-ben, ei-ne klei-ne Gei-ge hätt' ich gern; al-le Ta-ge spielt' ich mir zwei, drei Stückchen o-der vier, und sän-ge und spränge gar lu-stig her-um. Di-del di-del dum dum, di-del di-del dum, di-del di-del dum dum dum dum dum!

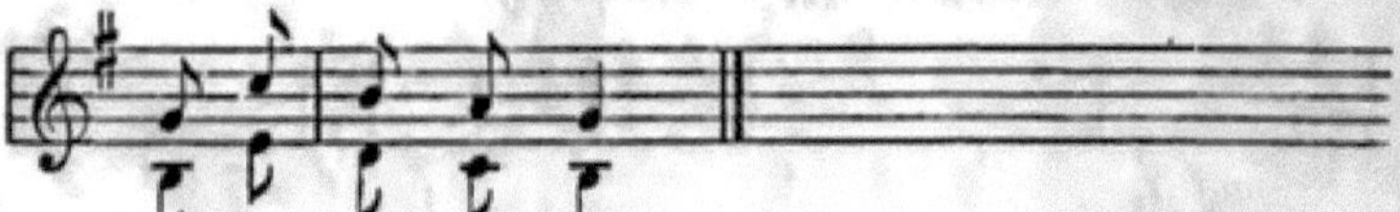

2. Eine kleine Geige klingt gar lieblich, eine kleine Geige klingt gar schön, Nachbars Kinder und der Spitz, kämen alle wie der Blitz, und sängen und sprängen mit mir auch herum. Didel didel dum dum rc.

H. H. v. F.

23. Tanzliedchen im Mai.

E. Richter,
† als Seminarlehrer in Steinau a/O.

Nicht zu geschwind.

(Einzelne.) 1. Zum Rei-gen her - bei im fröh-li-chen Mai! Mit

---

*) Die Kinder ahmen von hier ab das Geigen emsig nach, indem sie mit einem Stäbchen oder Lineal auf dem ausgespannten linken Arme im Takte hin- und herfahren.

Blü-ten und Zwei-gen be-kränzt euch zum Rei-gen! Im

fröh-li-chen Mai zum Rei-gen her - bei!

(Alle.) 2. Zum Reigen herbei! Mit Jubelgeschrei die Vögel sich schwingen, sie rufen und singen mit Jubelgeschrei: zum Reigen herbei!

3. Juheißa, juhei! Wie schön ist der Mai! Wir haben's vernommen, wir kommen, wir kommen. Wie schön ist der Mai! Juheißa, juhei!

H. H. v. F.

24. Reiterliedchen.

Der Anfang: Mit einigem Nachdruck.　　　　　Leicht bewegt.

1. Hopp, hopp, hopp! ich bin ein Reitersmann! Ei-nen Sä-bel an der

Sei-te, reit' ich keck, als ging's zum Streite, in den Hän-den Schild und

Speer, ei, was will ein Reiter mehr? Ich bin ein Rei-tersmann!

2. Hopp, hopp, hopp 2c. Und ich brauche keinen Bügel, keinen Zaum und keinen Zügel, Pferdchen geht aus eignem Trieb, ohne Sporn und Peitschenhieb. Ich bin ein Reitersmann!

3. Hopp, hopp, hopp 2c. Und ich reite frisch und munter, hin und her, hinauf, hinunter, durch den Busch und durch das Feld, wie ein braver Kriegesheld. Ich bin ein Reitersmann!

4. Hopp, hopp, hopp 2c. Machet Platz und geht zur Seite, daß ich euch nicht überreite! Habt Respekt vor meinem Ritt, daß euch nicht mein Pferdchen tritt! Ich bin ein Reitersmann!

5. Hopp, hopp, hopp 2c. Hei, was kann mein Pferdchen traben über Steg' und Brück' und Graben, Schritt und Trab und auch Galopp, in die Welt hinein, hopp, hopp! Ich bin ein Reitersmann!

25. Die Blumen.

Nicht zu schnell.

1. Wer hat die Blumen all' er-dacht, wer sie ge-ziert mit
2. Wer schenket ih-nen sü-ßen Duft, Re-gen und Tau und
3. Das ist der Herr in sei-ner Kraft, der all' die lie-ben

sol - cher Pracht? Rot und gelb und weiß und blau
fri - sche Luft, spen-det ih-nen Son-nen-schein,
Blüm-lein schafft, hol - de Blüm-lein oh - ne Zahl,

in dem Wald und auf der Au?
daß sie lieb-lich all' ge-deihn?
uns zur Freu-de all - zu - mal.

26. Kanon.

Fr. Schneider,
† 1853 als Kapellmeister zu Dessau.

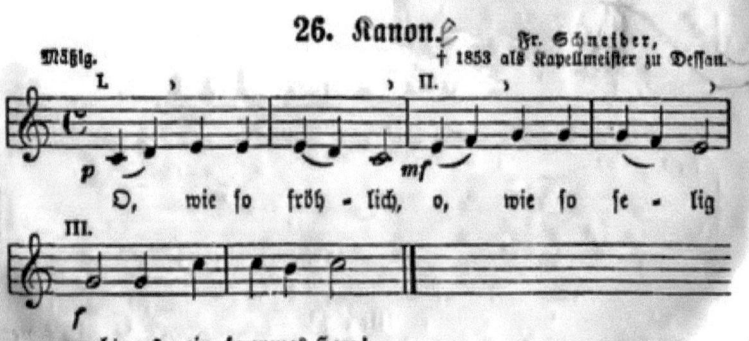

Mäßig.

I.   II.

p   mf

O, wie so fröh - lich, o, wie so se - lig

III.

f

macht uns ein frommes Herz!

Anmerkung. Beim Kanon sind die Sänger nicht nach Stimmen, sondern nach
der Kopfzahl zu trennen.

27. Glockenklang.

Mäßig bewegt.   Volksweise.

1. O Glot-ten-klang, wie lieb' ich dich, wie tö - nest du so

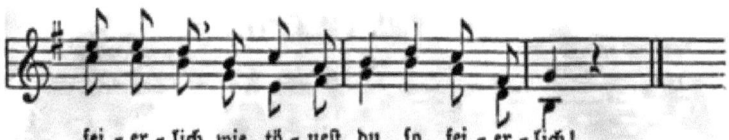

fei - er - lich, wie tö - net du fo fei - er - lich!

2. O Glockenklang, so voll und rein, |: du ladest mich zum Beten ein. :|
3. Du rufest alle nah' und fern. |: Auch ich folg' deinem Rufe gern. :|
4. Gott hört auch, wenn im Kämmerlein |: ich zu ihm bete ganz allein. :|
5. Zum Himmel dringt der Glockenklang |: und frommer Menschen Lobgesang. :|
6. Wenn Glockenklang zum Himmel dringt, |: jed' frommes Menschenherz erklingt. :|
7. O, schalle weit, o halle lang, |: durch alle Welt, du Glockenklang! :|

C. Enslin, geb. 1819 zu Frankfurt a/M.

28. Die schönsten Schäfchen.
(Bei einstimmiger Ausführung: Tonhöhe F-dur.)

Mäßige Bewegung.   Volksweise.

1. Wer hat die schönsten Schäfchen? Die hat der gold'ne Mond,

der hin-ter un-sern Bäumen, Bäu - men, am Himmel drü-ben

wohnt, am Him-mel drü - ben wohnt.

2. Er kommt am späten Abend, wann alles schlafen will, hervor aus seinem |: Hause :| |: zum Himmel leis' und still. :|
3. Dann weidet er die Schäfchen auf seiner blauen Flur; denn all' die hellen |: Sterne :| |: sind seine Schäfchen nur. :|
4. Sie thun sich nichts zuleide, hat eins das andre gern, und Schwestern sind und |: Brüder :| |: da droben Stern an Stern. :|
5. Wenn ich gen Himmel schaue, so fällt mir immer ein: O laßt auch uns so |: freundlich :| |: wie diese Schäfchen sein! :|

H. H. v. F.

29. Gott, der Herr.

Langsam und innig.   Volkslied.

1. Weißt du, wie viel Sterne stehen an dem blauen Himmelszelt?
Weißt du, wie viel Wolken gehen weithin über alle Welt?

Gott, der Herr, hat sie gezählet, daß ihm auch nicht eines fehlet

an der ganzen großen Zahl, an der ganzen großen Zahl.

2. Weißt du, wie viel Mücklein spielen in der heißen Sonnenglut?
Wie viel Fischlein auch sich kühlen in der hellen Wasserflut? Gott, der
Herr, rief sie mit Namen, daß sie all' ins Leben kamen, |: daß sie nun
so fröhlich sind. :|

3. Weißt du, wie viel Kinder frühe steh'n aus ihrem Bettlein auf, daß
sie ohne Sorg' und Mühe fröhlich sind im Tageslauf? Gott im Himmel hat
an allen seine Lust, sein Wohlgefallen, |: kennt auch dich und hat dich lieb. :|

W. Hey.

30. Morgengebet.

Ruhig und innig.   J. Fr. Reichardt.

1. Lieber Vater, hoch im Himmel, merk'auf deines Kindes Fleh'n! Laß mich

heut' und alle Tage, Herr, in deinem Segen steh'n!

2. Meine Sonn' ist deine Gnade, und dein Wort der Himmelstau,
der mich nähret und erquicket, gleich den Blumen auf der Au'!

3. Alles hast du ja in Händen, und du weißt, was mir gebricht;
o, so gib aus deiner Fülle, gib mir, Herr, von deinem Licht!

4. Laß mich deinen Geist regieren, lehre mich gehorsam sein, führe
mich auf deinen Wegen, Herr, in deinen Himmel ein! Agnes Franz.

31. Lied beim Säen.

Mäßig und sanft.   J. Siebert.

1. Sink', o Körn-lein, denn hin-ab, sink' ins stil-le, kühl-le Grab, in den Schoß der Er-de! Er-de streu' ich auf dich her, bis, mein Körnlein, ich nichts mehr von dir se-hen wer-de.

2. Wüßtest du, was ich dir thu', hättest Sprache du dazu, ach, du sprächst mit Beben: „Nie seh' ich die Sonne mehr, in dem Dunkel um mich her endet alles Leben."

3. Aber, Körnlein, habe Mut! Sieh', du liegst ja sanft und gut, hast bald ausgeschlafen! Blickst dann aus dem Grab hervor, blühst als Blume schön empor, bist ganz neu geschaffen.

4. Ich auch sinke einst hinab, so wie du, ins kühle Grab, mich auch deckt die Erde; aber herrlicher noch ruft aus der stillen, düstern Gruft mich des Schöpfers „Werde!"

Chr. v. Schmid.

32. Wanderlied.

Mäßig.   F. E. Feska.
                              † 1826 als Großh. Bad. Konzertmeister.

1. Vö-gel sin-gen, Blumen blühen, grün ist wie-der Wald und Feld. O, so laßt uns ziehn und wan-dern von dem ei-nen Ort zum an-dern durch die wei-te, grü-ne Welt.

2*

2. Wie im Bauer sitzt der Vogel, saßen wir noch jüngst zu Hauf. Aufgethan ist jetzt das Bauer; hin ist Winter, Kält' und Trauer, und wir fliegen wieder aus.

3. Freude lebt auf allen Wegen, um uns, mit uns, überall. Freude säuselt in den Lüften, hauchet aus den Blumendüften, tönt im Sang der Nachtigall.

4. Nun, so laßt uns ziehn und wandern durch den neuen Sonnenschein, durch die lichten Au'n und Felder, durch die dunkelgrünen Wälder in die neue Welt hinein!

H. H. v. F.

33. Wanderlied.

Volkslied.

1. Die Luft ist so blau, und das Feld ist so grün, lieb' Müt=ter=lein, laß in die Frem=de mich ziehn!

2. Ich schnüre mein Bündel, dann zieh' ich hinaus, den Stab in der Hand und am Hute den Strauß.

3. Ich wand're durch Deutschland und komm' an den Rhein, bei tüchtigen Meistern da sprech' ich dann ein.

4. Und sitzt dann das Mütterlein abends und spinnt, denkt traurig: „Wo weilt doch mein einziges Kind?" —

5. Da klopft es gar lustig ans Fensterlein klein, da tritt zu der Thüre der Wanderbursch ein.

34. Heimat, ade!

Mit Innigkeit. Volksweise.

1. {Heut muß ge=schie=den sein,
   {Tau=send=mal denk' ich dein,
2. {Dein auch im fer=nen Land,
   {bleib' ich mit Herz und Hand,
3. {Die mir so vie=les gab,
   {Reicht mir den Wan=der=stab,
} Hei=mat, a=de!

Dei - ner in Lust und Schmerz, dei - ner in Ernst und Scherz
Hö - her als Gut und Geld preiſ' ich in al - ler Welt
Trennt uns auch Land und Meer, iſt mir das Herz ſo ſchwer,

den - ket mein treu - es Herz.)
hei - mat - lich Haus und Feld. } Hei - mat, a - de!
denk' ich der Wie - der - kehr.)

35. Der kleine Soldat.

R. Schumann,
1810—1856, berühmter Komponist.

Marſchmäßig und feſt.

Ein ſchek - ki - ges Pferd, ein blankes Ge - wehr und ein höl - zer - nes

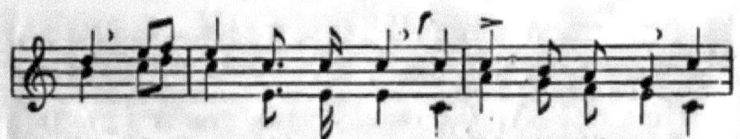

Schwert, was braucht man denn mehr? Ich bin ein Sol - dat, man

ſieht's mir wohl an, ich mar - ſchie - re ſchon grad', halt' Schritt, wie ein Mann.

Mit trot - zi - gem Mut zieh' morgens ich aus, kehr' freundlich und gut um Mittag nach Hauf'. So wird ex-er-ziert zu A-bend noch spät,

bis der Schlaf kom - man-biert: Zu Bett, Ka - me - rad!

H. H. v. F.

36. Soldatenliedchen. B. Philipp, † 1850
als Musikdirektor in Oppeln.

Marschartig.

1. Steh' ich im Feld, mein ist die Welt! Bin ich nicht Of - fi-zier,

bin ich doch Gre - na - dier; steh' in dem Glied, wie er, weiß

nicht, wo's bes-ser wär'. Juch-he, ins Feld, mein ist die Welt!
2. Steh' ich im Feld, mein ist die Welt! Kommen mir zwei und
drei, haut mich mein Säbel frei; schießt mich der vierte tot, tröst' mich
der liebe Gott! Juchhe ꝛc.

37. Abendläuten. K. Schulz, † 1850
Kanon. als Konrektor zu Fürstenwalde.

Mäßig bewegt.

I. II.

O, wie wohl ist mir am A-bend, mir am A - bend, wenn zur Ruh' die

III.

Glocke läu - tet, Glocke läu - tet: bum! bum! bum! bum! bum! bum!

B. Mittlere und obere Stufe.

(Singen nach dem Gehöre mit Hilfe der Noten.)

Vorbemerkungen.

38. — An den Mai. —

Munter.　　　　　　　　　　　　　　　　W. A. Mozart.

1. Komm', lie-ber Mai, und ma-che die Bäume wie-der grün,
2. Komm', mach' es bald ge-lin-der, daß al-les wie-der blüht!

1. und laß uns an dem Ba-che die kleinen Veil-chen blühn! Wie
2. Dann wird das Fleh'n der Kin-der ein lau-tes Ju-bel-lied. O

1. möch-ten wir so ger-ne ein Blümchen wie-der sehn! Ach,
2. komm', und bring' vor al-lem uns vie-le Ro-sen mit! Bring'

1. lie-ber Mai, wie ger-ne ein-mal spa-zie-ren gehn!
2. auch viel Nach-ti-gal-len und schö-ne Kuk-kucks mit.

Chr. A. Overbeck, † 1821 zu Lübeck.

39. Waldlied.

K. Fr. Zelter,
† 1832 als Professor der Musik in Berlin.

Fröhlich.
Einzelne.

1. Im Wal-de möcht' ich le-ben zur hei-ßen Sommer-
2. In sei-ne küh-len Schat-ten winkt je-der Zweig und
3. Wie sich die Vög-lein schwin-gen im hel-len Mor-gen-
4. Von je-dem Zweig und Rei-se, hört nur, wie's lieb-lich

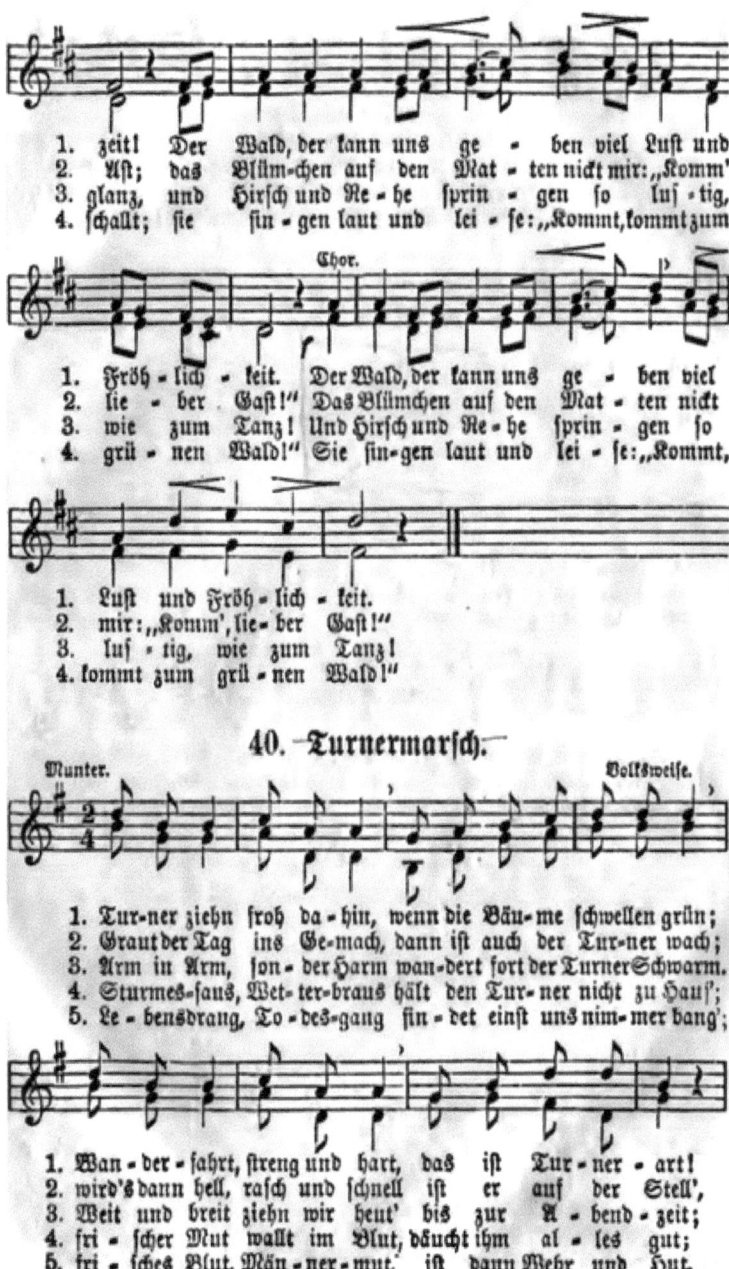

1. zeit! Der Wald, der kann uns ge - ben viel Luft und
2. Aft; das Blüm-chen auf den Mat - ten nickt mir: „Komm',
3. glanz, und Hirfch und Re - he fprin - gen fo luf - tig,
4. fchallt; fie fin - gen laut und lei - fe: „Kommt, kommt zum

Chor.

1. Fröh - lich - keit. Der Wald, der kann uns ge - ben viel
2. lie - ber Gaft!" Das Blümchen auf den Mat - ten nicht
3. wie zum Tanz! Und Hirfch und Re - he fprin - gen fo
4. grü - nen Wald!" Sie fin-gen laut und lei - fe: „Kommt,

1. Luft und Fröh - lich - keit.
2. mir: „Komm', lie - ber Gaft!"
3. luf - tig, wie zum Tanz!
4. kommt zum grü - nen Wald!"

40. Turnermarfch.

Munter.   *Volksweife.*

1. Tur-ner ziehn froh da - hin, wenn die Bäu-me fchwellen grün;
2. Graut der Tag ins Ge-mach, dann ift auch der Tur-ner wach;
3. Arm in Arm, fon - der Harm wan-dert fort der Turner Schwarm.
4. Sturmes-faus, Wet-ter-braus hält den Tur-ner nicht zu Hauf;
5. Le - bensdrang, To-des-gang fin - det einft uns nim - mer bang';

1. Wan - der - fahrt, ftreng und hart, das ift Tur - ner - art!
2. wird's dann hell, rafch und fchnell ift er auf der Stell',
3. Weit und breit ziehn wir heut' bis zur A - bend - zeit;
4. fri - fcher Mut wallt im Blut, däucht ihm al - les gut;
5. fri - fches Blut, Män - ner-mut ift dann Wehr und Hut.

1. Tur-ner-sinn ist froh be-stellt, Turnern Wandern wohlgefällt!
2. wan-delt hin zum Sammel-ort, und dann ziehn die Turner fort:
3. und der Tur-ner fla-get nie, scheu-et nim-mer Wandermüh':
4. singt 'nen lust'gen Tur-ner-sang, blei-bet froh sein Le-ben lang:
5. Braust der Sturm uns nicht zu Grund', fall'n wir doch zu guter Stund':

1—5. Da-rum frei Tur-ne-rei stets ge-prie-sen sei!

H. F. Maßmann, Professor in Berlin. † 1874.

41. Der Spaziergang.

Mäßig schnell. B. Philipp.

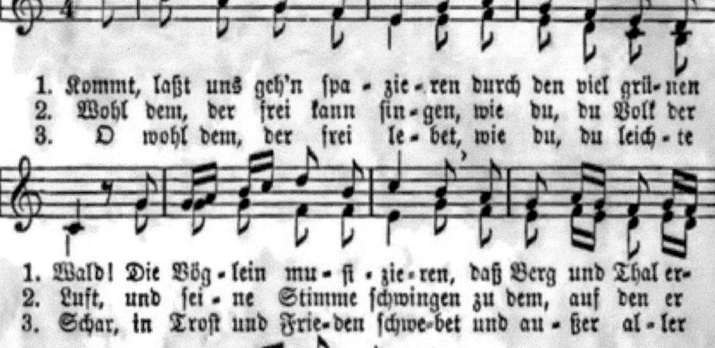

1. Kommt, laßt uns geh'n spa-zie-ren durch den viel grü-nen
2. Wohl dem, der frei kann sin-gen, wie du, du Volk der
3. O wohl dem, der frei le-bet, wie du, du leich-te

1. Wald! Die Vög-lein mu-si-zie-ren, daß Berg und Thal er-
2. Luft, und sei-ne Stimme schwingen zu dem, auf den er
3. Schar, in Trost und Frie-den schwe-bet und au-ßer al-ler

1. schallt, daß Berg und Thal er-schallt.
2. hofft, zu dem, auf den er hofft.
3. Fahr, und au-ßer al-ler Fahr!

M. Opitz von Boberfeld, geb. 1597 zu Bunzlau, † 1639 zu Danzig.

42. Das Waldhorn.

Mäßig bewegt. Fr. Silcher.

1. Wie lieb - lich schallt durch Busch und Wald des Waldhorns sü-ßer
2. Und je - der Baum im wei - ten Raum dünkt uns wohl noch so
3. Und je - de Brust fühlt neu - e Lust beim fro - hen Zwillings-

1. Klang, des Waldhorns füßer Klang! Der Wie-der-hall im Eichen-
2. grün, dünkt uns wohl noch so grün! es wallt der Quell wohl noch so
3. ton, beim fro-hen Zwillingston, es flieht der Schmerz aus jedem

1. thal hallt's nach so lang, so lang, hallt's nach so lang, so lang!
2. hell durch's Thal da-hin, da-hin, durch's Thal da-hin, da-hin.
3. Herz so-gleich da-von, da-von, so-gleich da-von, da-von!

Chr. v. Schmid.

43. Der blühende Flachs.

(Für Mädchen.)

Ziemlich bewegt.   Joh. André, † 1799 in Offenbach.

1. { Auf, kommt in die Fel - der und blü-hen-den Au'n,
     das lieb-li-che Pflänz-chen der Mäd-chen zu schau'n!
2. { Laut rau-schet vom Gol-de der Äh-ren das Land,
     still grü-net das Pflänz-chen in schlichtem Ge-wand;
3. { Erst barg es die Er - de im küh-li-gen Schoß,
     da zo-gen die freund-li-chen Lüft-chen es groß.
4. { Bald tra-gen wir sorg-lich das Pflänzchen hin-ein;
     dann schmückt es den Rok-ken mit fil-ber-nem Schein.
5. { D'rum kommt in die Fel - der und blü-hen-den Au'n,
     das lieb-li-che Pflänz-chen der Mäd-chen zu schau'n!

1. es wäch-set und grü-net so freund-lich und zart, jung-
2. doch trägt es ein Krön-lein von himm-li-schem Blau, des
3. Nun wo-get und wal-let es lieb-lich und schlank. Du
4. Wir sin-gen zum tö-nen-den Räd-chen und dreh'n die
5. Es wäch-set und grü-net so freund-lich und zart, jung-

1. frän - lich be - schei - den in ei - ge - ner Art.
2. Krönleins Ge - stein ist der fun - keln - de Tau.
3. Er - de, ihr Lüf - te, habt freund-li - chen Dank!
4. Fäd - chen wie Sei - de, so glatt und so schön.
5. frän - lich be - schei - den in ei - ge - ner Art.

Fr. A. Krummacher.

44. Gelübde.

Mäßig und innig.   Volksweise.

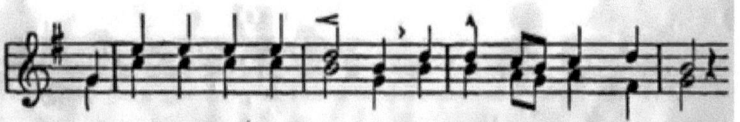

1. Ich hab' mich er - ge - ben mit Herz und mit Hand
2. Mein Herz ist ent - glom - men, dir treu zu - ge - wandt,
3. Ach, Gott woll' er - he - ben mein jung' Her - zens-blut
4. Laß Kraft mich er - wer - ben in Herz und in Hand,

1. dir, Land voll Lieb' und Le - ben, mein deut-sches Va - ter - land!
2. du Land der Frei'n und Frommen, du herr - lich Her-mannsland!
3. zu fri-schem, freud'gem Le - ben, zu frei - em, frommem Mut!
4. zu le - ben und zu ster - ben für's heil'ge Va - ter - land!

1. dir, Land voll Lieb' und Le - ben, mein deut-sches Va - ter - land!
2. du Land der Frei'n und Frommen, du herr - lich Hermannsland!
3. zu fri-schem, freud'gem Le - ben, zu frei - em frommem Mut!
4. zu le - ben und zu ster - ben für's heil'ge Va - ter - land!

H. F. Maßmann. 1820.

45. Volkshymne.

Festmäßig.

Volkslied. Henry Carey

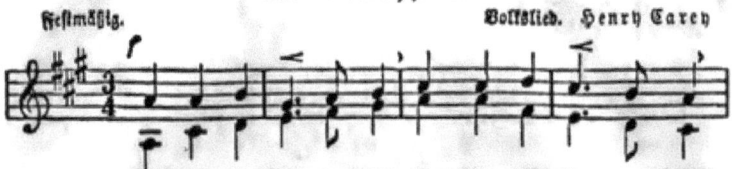

1. Heil dir im Sie-ger-kranz, Herrscher des Va-ter-lands,
2. Nicht Roß', nicht Rei-si-ge si-chern die stei-le Höh',
3. Hei-li-ge Flamme, glüh', glüh' und er-lö-sche nie
4. Handlung und Wis-sen-schaft he-be mit Mut und Kraft
5. Sei, Kai-ser Wilhelm, hier lang' dei-nes Vol-tes Zier,

1. Heil, Kai-ser, dir! Fühl' in des Thro-nes Glanz die ho-he
2. wo Für-sten steh'n! Lie-be des Va-terlands, Lie-be des
3. für's Va-ter-land! Wir al-le ste-hen dann mu-tig für
4. ihr Haupt em-por! Krie-ger- und Hel-den-that sin-de ihr
5. der Menschheit Stolz! Fühl' in des Thro-nes Glanz die ho-he

1. Won-ne ganz: Lieb-ling des Volks zu sein! Heil, Kai-ser, dir!
2. frei-en Mann's gründen den Herr-scherthron, wie Fels im Meer.
3. ei-nen Mann, kämpfen und blu-ten gern für Thron und Reich!
4. Lor-beer-blatt treu auf-ge-ho-ben dort an dei-nem Thron!
5. Won-ne ganz: Lieb-ling des Volks zu sein! Heil, Kai-ser, dir!

Nach H. Harries, † 1802 zu Brügge bei Kiel.

Anm. Dritte Stimme: ad libitum.

46. Der Abendstern.

Ruhig.

Volksweise.

mf

1. Du lieb-li-cher Stern, du leuchtest so fern, du
2. Wie lieb' ich doch dich so herz-in-nig-lich! wie
3. So blick' ich nach dir, sei's dort o-der hier; so
4. Wie winkst du mir zu in fröh-li-cher Ruh'! wie

28

1. lieb - li - cher Stern, du leuch - test so fern; doch
2. lieb' ich doch dich so herz - in - nig - lich! Dein
3. blick' ich nach dir, sei's dort o - der hier; dein
4. winkst du mir zu in fröh - li - cher Ruh'! o

1. hab' ich dich den - noch von Her - zen so gern, doch hab' ich dich
2. fun - keln - des Aug - lein blickt im - mer auf mich, dein fun - keln - des
3. freund - li - ches Aug - lein steht im - mer vor mir, dein freund - li - ches
4. lieb - li - ches Sternlein, o wär' ich, wie du! o lieb - li - ches

1. den - noch von Her - zen so gern.
2. Aug - lein blickt im - mer auf mich.
3. Aug - lein steht im - mer vor mir.
4. Sternlein, o wär' ich, wie du!

H. H. v. F.

47. An den Mond.

Ruhig.   p   pp   Volksweise.

1. Wie blickst du hell und rein, wie hell und rein, o
2. Du hast schon man - che Nacht, schon man - che Nacht, o
3. O du, des Frie - dens Bild, des Frie - dens Bild, o

1. Mond, zur Welt hin - ein! Ob Wol - ken dich nek - ten, dich
2. Mond, bei mir ge - wacht, mein Kla - gen ge - min - dert, mein
3. Mond, so hell und mild! Wie dort auf die Wel - le der

1. wol - len be - dek - ten, du blickſt doch hell und rein, doch hell und
2. Lei - den ge - lin - dert, haſt mild mich an - ge - lacht, mich an - ge -
3. ſil - ber-nen Quel - le, blick' in mein Herz hin - ein, mein Herz hin-

1. rein zur wei - ten Welt hin - ein.
2. lacht, haſt fröh - lich mich ge - macht.
3. ein mit dei - nem mil - den Schein!

H. H. v. F.

—48. Wiegenlied.

R. v. Winterfeld, † 1852
als Geh. Obertribunalsrat und Muſikſchriftſteller
zu Berlin.

Mit Innigkeit.

p

1. Al - les ſtill in ſü - ßer Ruh'! d'rum, mein Kind, ſo
2. Schließ' die lie - ben Au - ge - lein, laß' ſie wie zwei
3. Und die Blümlein ſchau' ich an, und die Aug - lein

1. ſchlaf' auch du! drau - ßen ſäu - ſelt nur der Wind:
2. Knoſ - pen ſein! Mor - gen, wenn die Sonn' er - glüht,
3. küſſ' ich dann, und der Mut - ter Herz ver - gißt,

p

1. Ru - he ſanft, ſchlaf' ein, mein Kind!
2. ſind ſie wie die Blum' er - blüht.
3. daß es drau - ßen Früh - ling iſt.

H. H. v. F.

49. Lob Gottes.

Dr. H. G. Nägeli, † 1836 zu Zürich.

Feierlich.

1. Lobt froh den Herrn, ihr ju-gend-li-chen Chö-re!
2. Es schallt em-por zu dei-nem Hei-lig-tu-me
3. Vom Prei-se voll, laß un-ser Herz dir sin-gen!
4. Wir stam-meln hier, doch hörst du un-ser Lal-len
5. Einst kommt die Zeit, wo wir auf tau-send Wei-sen,

1. Er hö-ret gern ein Lied zu sei-ner Eh-re. Lobt
2. aus un-serm Chor ein Lied zu dei-nem Ruh-me, du,
3. das Lob-lied soll zu dei-nem Thro-ne drin-gen, das
4. zum Prei-se dir mit Va-ter-wohl-ge-fal-len. Dir
5. o Se-lig-keit! dich, un-fern Va-ter, prei-fen von

1. froh den Herrn! lobt froh den Herrn!
2. der sich Kin-der aus-er-kor.
3. Lob, das un-frer Seel' ent-quoll.
4. jauch-zen wir, dir dan-ken wir.
5. E-wig-keit zu E-wig-keit.

Dr. G. Geßner, † 1843 zu Zürich.

50. Lob Gottes.

Mäßig bewegt.   Kanon.

I.
Lo-bet und prei-fet, ihr Völ-ter, den Herrn,

II.
freu-et euch sei-ner und die-net ihm gern;

III.
all' ihr Völ-ter, lo-bet den Herrn!

51. Weihnachtslied.

Fröhlich.
Einzelne.

Geiſtl. Volkslied.

1. In - mit - ten der Nacht, als Hir - ten er - wacht', da
2. Die Hir - ten im Feld ver - lie - ßen ihr Zelt, ſie
3. Sie fan - den ge - ſchwind das gött - li - che Kind. Es
4. Es lä - chelt uns an, ſo lieb - reich es kann. Es
5. Kommt, Chriſ - ten, kommt her, kommt a - ber nicht leer, be -

1. hör - te man klin - gen und Glo - ri - a ſin - gen ein'
2. gin - gen mit Ei - len, ja oh - ne Ver - wei - len dem
3. herz - lich zu grü - ßen, es zärt - lich zu küſ - ſen, ſie
4. will uns heut ge - ben das e - wi - ge Le - ben, die
5. ſchau - et das Kind - lein, es liegt in dem Kripp - lein, ſchenkt

Vom Chor wiederholt.

1. eng - li - ſche Schar, ja, ja, ge - bo - ren Gott war.
2. Krip - pe - lein zu, ja, zu, der Hirt und der Bub'.
3. wa - ren be - dacht, be - dacht die ſel - bi - ge Nacht.
4. gött - li - che Gnad', die Gnad', und was es nur hat.
5. ihm eu - er Herz, das Herz; es lin - dert den Schmerz.

52. - Chriſtkindleins Wiegenlied. -

Mäßig bewegt.

J. Reinſch, † 1862 als Rektor zu Patſchkau.

1. O Je - ſu - lein zart, o Je - ſu - lein zart, das Kripplein iſt
2. Der Se - raphim ſingt und Che - ru - bim klingt; viel Eng - lein im
3. Sieh, Je - ſu - lein, ſieh', Sankt Jo - ſeph iſt hie, ich bleib' auch hie -
4. Schweig, E - ſelein, ſtill! das Kind ſchla - fen will. Ei, Ochslein, nicht

1. hart, wie liegst du so hart!
2. Stall, die wie-gen dich all'!
3. bei, schlaf' si - cher und frei!
4. brüll, das Kind schla-fen will.

Schlaf', Kind, schlaf', die Äug-lein thu'

1—4. zu, schlaf' und gib uns die e - wi - ge Ruh'!

Altes Volkslied.

53. —Zufriedenheit.—

Reese, † 1798 als Musikdirektor in Dessau.

Mäßig bewegt.

1. { Was frag' ich viel nach Geld und Gut, wenn ich zu - frie - den
     { Gibt Gott mir nur ge - sun - des Blut, so hab' ich fro - hen

2. { So mancher schwimmt im Ü - ber - fluß, hat Haus und Hof und
     { und ist doch im - mer voll Ver - druß, und freut sich nicht der

3. { Da heißt die Welt ein Jam-mer-thal, und däucht mir doch so
     { hat Freu-den oh - ne Maß und Zahl, läßt kei - nen leer aus-

4. { Und uns zu - lie - be schmücken ja sich Wie - se, Berg und
     { und Vö - gel fin - gen, fern und nah', daß al - les wie-der-

5. { Und wenn die gold - ne Sonn' auf-geht und gol - den wird die
     { wenn al - les in der Blü - te steht und Äh - ren trägt das

6. { Dann preis' ich laut und lo - be Gott und schweb' in ho - hem
     { und denk': Es ist ein gu - ter Gott und meint's mit Menschen

1. {bin!
   {Sinn   und sing' aus dank-ba-rem Ge-müt mein Morgen-
2. {Geld,
   {Welt: je mehr er hat, je mehr er will; nie schweigen
3. {schön;
   {geb'n: das Kä-fer-lein, das Vö-ge-lein darf sich ja
4. {Wald;
   {hallt.   Bei Ar-beit singt die Lerch' uns zu, die Nach-ti-
5. {Welt,
   {Feld: dann denk' ich: al-le die-se Pracht hat Gott zu
6. {Mut,
   {gut!   D'rum will ich im-mer dank-bar sein und mich der

1. und mein A-bend-lied.
2. sei-ne Kla-gen still.
3. auch des Mai-en freu'n.
4. gall bei sü-ßer Ruh'.
5. mei-ner Lust ge-macht.
6. Gü-te Got-tes freu'n!

J. M. Miller, † 1841 als geistl. Rat zu Ulm.

54. Auf der Sennerei.

Fröhlich.   C. Greger.

1—2. Des Morgens in der Frü-he, la la la   la la

la   la la
1—2. la — — {da treiben wir die Kü-he la la la   la la
             {vergißt man Sorg' u. Mühe

3*

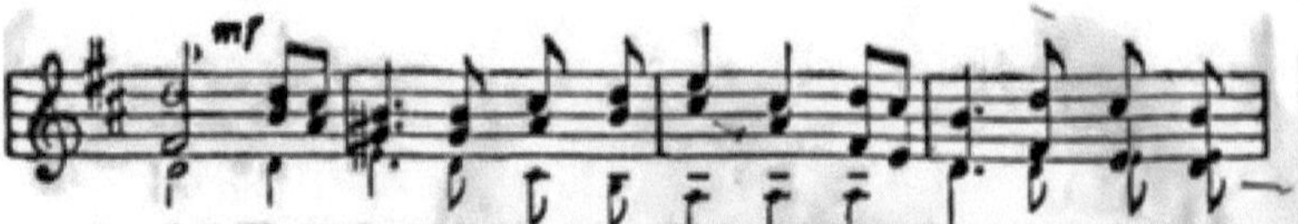

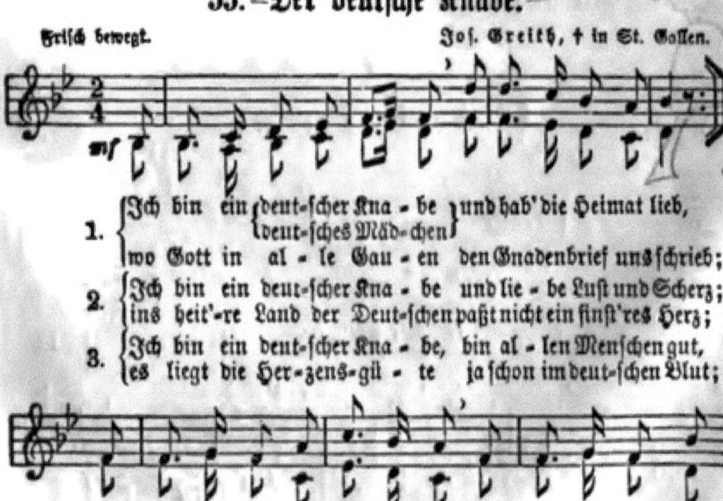

1. la! Wann summend aus der Zel-le die Bien' ins Frei-e
2. la! Wann Vög-li lus-tig sin-gen in Luft und Busch gar

1. fliegt, und auf der Äh-ren Wel-le das Mor-gen-rot sich
2. schön, und Glöcklein lus-tig klin-gen im Thal und auf den

la la la la la la

1. wiegt.
2. Höhn. La la la la la la la la la la la!

Anm. Dritte Stimme: ad libitum.

55. —Der deutsche Knabe. —

Frisch bewegt.   Jos. Greith, † in St. Gallen.

mf

1. {Ich bin ein deut-scher Kna-be und hab' die Heimat lieb,
   {deut-sches Mäd-chen}
   wo Gott in al-le Gau-en den Gnadenbrief uns schrieb;

2. {Ich bin ein deut-scher Kna-be und lie-be Lust und Scherz;
   ins heit're Land der Deut-schen paßt nicht ein finst'res Herz;

3. {Ich bin ein deut-scher Kna-be, bin al-len Menschen gut,
   es liegt die Her-zens-gü-te ja schon im deut-schen Blut;

1. der Thä-ler und der Au-en Pracht, die zieht mich an mit
2. paßt nicht zum deutschen Ju-bel-sang und nicht zum Her-ben
3. wie wä-re sonst von nah und fern im deut-schen Lan-de

1. Bau - bermacht. Ich bin ein deutscher Kna-be (und hab' die Heimat
   (deutsches Mädchen)
2. glot - ken-klang. Ich bin ein deutscher Kna-be und lie-be Lust und
3. man so gern? Ich bin ein deutscher Kna-be, bin al-len Menschen

1. lieb.
2. Scherz. Ha-li, ha-li, ha-li, ha-li-o, ha - li-o!
3. gut.

56. — Der gute Kamerad.

Schrittmäßig.   Volkslied. Fr. Silcher.
Einzelne.

1. Ich hatt' einen Ka - me - ra - den; ei - nen
2. Eine Ku - gel kam ge - flo - gen: gilt es
3. Will mir die Hand noch rei - chen, der -

Vom Chor wiederholt.   Einzelne.

1. bef - fern find'st du nit. Die Trom-mel schlug zum
2. mir, oder gilt es dir? Ihn hat es weg-ge-
3. weil ich e - ben lad'. „Kann bir die Hand nicht

1. Strei - te, er ging an mei - ner Sei - te in
2. rif - fen; er liegt mir vor den Fü - ßen, als
3. ge - ben, bleib' du im ew' - gen Le - ben mein

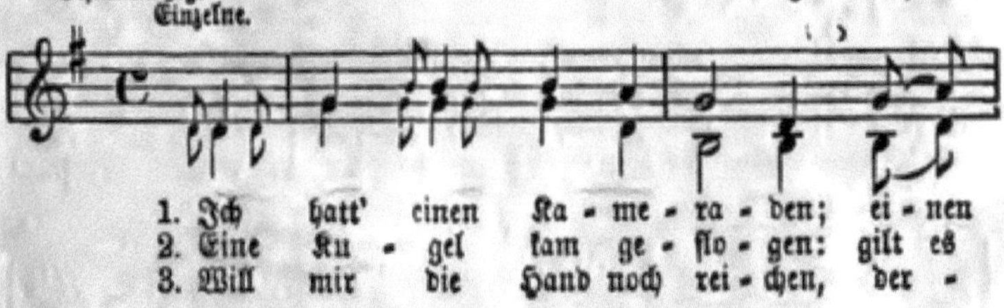

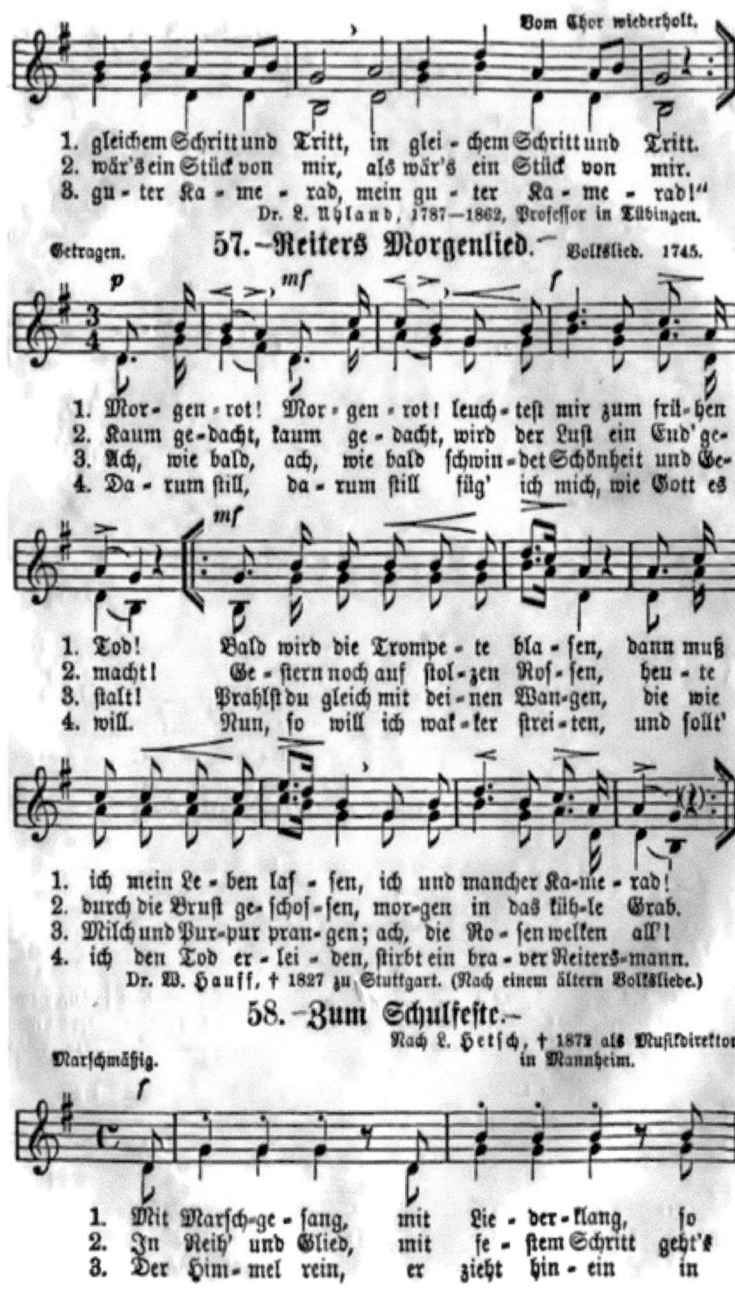

1. gleichem Schritt und Tritt, in glei - chem Schritt und Tritt.
2. wär's ein Stück von mir, als wär's ein Stück von mir.
3. gu - ter Ka - me - rad, mein gu - ter Ka - me - rad!"

Dr. L. Uhland, 1787—1862, Professor in Tübingen.

57. — Reiters Morgenlied. —

Getragen.   Volkslied. 1745.

1. Mor - gen - rot! Mor - gen - rot! leuch - test mir zum früh - hen
2. Kaum ge - dacht, kaum ge - dacht, wird der Lust ein End' ge-
3. Ach, wie bald, ach, wie bald schwin - det Schönheit und Ge-
4. Da - rum still, da - rum still füg' ich mich, wie Gott es

1. Tod!   Bald wird die Trompe - te bla - sen, dann muß
2. macht!   Ge - stern noch auf stol - zen Ros - sen, heu - te
3. stalt!   Prahlst du gleich mit dei - nen Wan - gen, die wie
4. will.   Nun, so will ich wak - ter strei - ten, und sollt'

1. ich mein Le - ben las - sen, ich und mancher Ka - me - rad!
2. durch die Brust ge - schos - sen, mor - gen in das küh - le Grab.
3. Milch und Pur - pur pran - gen; ach, die Ro - sen welken all'!
4. ich den Tod er - lei - den, stirbt ein bra - ver Reiters - mann.

Dr. W. Hauff, † 1827 zu Stuttgart. (Nach einem ältern Volksliede.)

58. — Zum Schulfeste. —

Nach L. Hetsch, † 1872 als Musikdirektor
in Mannheim.

Marschmäßig.

1. Mit Marsch - ge - sang,   mit Lie - der - klang,   so
2. In Reih' und Glied,   mit fe - stem Schritt geht's
3. Der Him - mel rein,   er zieht hin - ein   in

1. geht's zum Spiel hin - aus. Wie Krie - ger - scha - ren zie - ben
2. durch den lie - ben Ort! Die Mut - ter winkt, der Va - ter
3. unf' - re fro - he Bruſt; er kommt mit ſei - ner Se - lig-

1. wir, vor - an das ſtol - ze Feſt - pa - nier! Wer
2. grüßt, das Herz - blut im - mer ra - ſcher fließt. Jetzt
3. keit und ſieht die Her - zen all' be - reit für

1. blie - be da zu Hauſ'? Wer blie - be da zu Hauſ'?
2. im - mer wei - ter fort! Jetzt im - mer wei - ter fort!
3. ſei - ne Him - mels - luſt, für ſei - ne Him - mels - luſt.

59. Im Wald.

B. Kothe.

Lebhaft.

1. Im Wald, im Wald, im fri - ſchen, grü - nen Wald, wo's
2. Die Welt, die Welt, die gro - ße, wei - te Welt iſt

1. E - cho ſchallt, wo's E - cho ſchallt, im Wald, wo's E - cho
2. un - ſer Zelt, iſt un - ſer Zelt, die Welt iſt un - ſer

1. ſchallt, da tö - net Ge - ſang und der Hör - ner Klang ſo
2. Zelt. Und wan-dern wir ſin-gend, ſo ſchallt die Luft, die

1. lus - tig den schwei - gen - den Forst ent - lang. Tra-ra, tra-
2. Wälder, die Thä - ler, die fels' - ge Kluft. Hal-lo, hal-

1. ra, tra - ra, tra - ra, tra - ra, tra - ra!
2. lo, hal - lo, hal - lo, hal - lo, hal - lo!

P. A. Wolff, † 1828 zu Weimar.

60. Fröhlichkeit.

Mäßig bewegt.   Kanon.

I.

Ich bin fröh - lich, willst du mit mir fröh - lich sein?

II.

Du bist fröh - lich, ich will mit dir fröh - lich sein.

III.

Ihr seid fröh - lich, ich will mit euch fröh - lich sein.

61. Jesus über Alles.

Sehr mäßig.   Geistl. Volkslied. 1600.

1. Schönster Herr Je - su, Herr-scher al - ler Her - ren,
2. Al - le die Schön-heit Him-mels und der Er - den
3. Schön ist das Mond-licht, schö-ner ist die Son - ne,
4. Schön sind die Blu - men, schö-ner sind die Men - schen

1. Got-tes ein-ge-bor'-ner Sohn, dich will ich lie-ben,
2. ist ge-faßt in dir al-lein; nichts soll auf Er-den
3. schön die Ster-ne oh-ne Zahl; Je-sus ist rei-ner,
4. in der fri-schen Ju-gend-zeit; a-ber sie fter-ben,

1. dich will ich eh-ren, mei-ner See-le Freud' und Wonn'!
2. lie-ber mir wer-den, als du, Je-su, Lieb-fter mein.
3. Je-fus ift hel-ler, als die Ster-ne all-zu-mal.
4. müf-fen ver-der-ben: Je-fus lebt in E-wig-keit.

62. Herr, ich lieb' dich!

Mäßig. Geiftl. Volkslied.

1—5. Herr, ich lieb' dich, Herr, ich lieb' dich, ganz von Her-zen

lieb' ich dich! 1. Laß von dir mich nichts ab-wen-den,
2. All' mein Den-ken, all' mein Sin-nen,
3. Nicht um Lohn der Him-mels-freu-den,
4. Je-fus soll bei mir ver-blei-ben;
5. Wann die Seel' vom Leib wird fah-ren,

1. nie von and'-rer Lieb' ver-blen-den, will mich al-ler
2. mei-ne Seuf-zer, mein Be-gin-nen, al-les, was in
3. nicht aus Furcht, die Höll' zu lei-den; will mich al-ler
4. nichts von Je-fu soll mich schei-den; ftets im Mund'will
5. dann mit dei-nen Him-mels-scha-ren werd' ich dich, o

Von Anfang im Chor.

1. Lieb' ent-schla-gen, nur da-mit ich könn-te fa-gen:
2. mir sich fin-det, sich mit dei-ner Lieb' ver-bin-det:
3. Furcht ent-schla-gen, nur aus lau-ter Lie-be fa-gen:
4. Je-sum ha-ben, Je-sum will ins Herz ver-gra-ben:
5. Je-su, dro-ben e-wig in dem Him-mel lo-ben:

63. O Straßburg!

Nur mäßig bewegt.   Volkslied. 1775.

1. O Straßburg, o Straßburg, du wun-der-schö-ne Stadt!
2. So man-cher, so schö-ner, auch tap-fe-rer Sol-dat,
3. Ver-laf-fen, ver-laf-fen, es kann nicht an-ders fein!
4. Der Va-ter, die Mut-ter, die ging'n vor's Hauptmanns Haus:
5. „„Euern Sohn kann ich nicht geben für noch fo vie-les Geld;

1. Da-rin-nen liegt be-gra-ben fo man-ni-cher Sol-
2. der Va-ter und lieb Mut-ter bös-lich ver laf-fen
3. Zu Straßburg, ja zu Straßburg Sol-da-ten müf-fen
4. „Ach, Hauptmann, lieber Herr Hauptmann, gebt uns den Sohn her-
5. euer Sohn, und der muß fter-ben im weit- und brei-ten

1. dat, da-rin-nen liegt be-graben fo man-nicher Soldat.
2. hat, der Va-ter und lieb Mutter bös-lich ver-laf-fen hat.
3. fein, zu Straßburg, ja zu Straßburg Sol-da-ten müffen fein.
4. aus, ach, Hauptmann, lieber Herr Hauptmann, gebt uns d. Sohn heraus.
5. Feld, euer Sohn, und der muß fter-ben im weit- u. breiten Feld.""

Anm. Dritte Stimme: ad libitum.   Aus: „Des Knaben Wunderhorn"

64. Der Wanderer in der Sägemühle. –

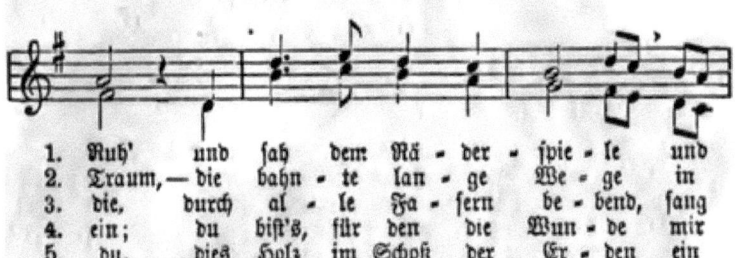

1. Dort un - ten in der Müh - le faß ich in fü - ßer
2. Sah zu der blan-ken Sä - ge, — es war mir wie ein
3. Die Tan - ne war wie le - bend; in Trau - er - me - lo-
4. „Du kehrſt zur rech-ten Stun-de, o Wan - de-rer, hier
5. „Du bift's, für den wird wer - den, wenn kurz ge-wan-dert
6. Vier Bret - ter ſah ich fal - len, mir ward's ums Her - ze

1. Ruh' und ſah dem Rä - der - ſpie - le und
2. Traum, — die bahn - te lan - ge We - ge in
3. die, durch al - le Fa - ſern be - bend, ſang
4. ein; du bift's, für den die Wun - de mir
5. du, dies Holz im Schoß der Er - den ein
6. ſchwer; ein Wört - lein wollt' ich lal - len; — da

1. ſah den Waſ-fern zu, und ſah den Waſ - fern zu.
2. ei - nen Tan-nen-baum, in ei - nen Tan - nenbaum.
3. die - ſe Wor-te ſie, ſang die - ſe Wor - te ſie:
4. dringt ins Herz hin - ein, mir bringt ins Herz hin-ein."
5. Schrein zur lan-gen Ruh', ein Schrein zur lan - gen Ruh'!"
6. ging das Rad nicht mehr, da ging das Rad nicht mehr.

J. Kerner, † 1862 zu Weinsberg in Schwaben.

65. Frühlings Ankunft.

Kanon.

End-lich iſt der Frühling da, ſin-get luſ-tig tra - la - lal

III. Zum Schluß.

Tra-la-la-la-la-la, tra-la-la-la-la! Tra-la-la-la

tra-la-la, tra-la-la, tra-la-la, tra-la-la-la-la-la, tra-la-la-la-la-la.

66. Die Jahreszeiten.

Mäßig bewegt.

Fr. Silcher.

mf

1. O Frühlingszeit, o Frühlings-zeit, du kannst mir sehr ge-
2. O Sommer-zeit, o Som-mer-zeit, du kannst mir sehr ge-
3. O brau-ner Herbst, o brau-ner Herbst, du kannst mir sehr ge-
4. O Win-ter-zeit, o Win-ter-zeit, du kannst mir sehr ge-

p

1. fal-len! Das kla-re Bäch-lein rin-net frei, mit
2. fal-len! Das gold'-ne Korn so wogt und weht, das
3. fal-len! In bun-tem Lau-be glänzt der Wald, des
4. fal-len! Mit blan-kem Eis und wei-ßem Schnee Weih-

cresc.

1. Blü-ten kommt der grü-ne Mai. O Früh-lings-zeit,
2. Bäumlein vol-ler Früch-te steht. O Som-mer-zeit,
3. Dre-schers Takt so lu-stig schallt. O brau-ner Herbst,
4. nach-ten kommt, juch-he, juch-he! O Win-ter-zeit,

1. Früh-lings-zeit, du kannst mir sehr ge-fal-len!
2. Som-mer-zeit, du kannst mir sehr ge-fal-len!
3. brau-ner Herbst, du kannst mir sehr ge-fal-len!
4. Win-ter-zeit, du kannst mir sehr ge-fal-len!

67. Auf dem Marsche.

Schrittmäßig.
Einzelne.

1—2. O, wie lus-tig läßt sich's jetzt mar-schie-ren in der

Vom Chor wiederholt. Einzelne.

1—2. frischen, kühlen Maien-zeit! 1. Wald und Feld ist grün, und die
2. Und mit Sang und Klang gehts das

1. Blu-men blühn, und die Vö-ge-lein fin-gen lieb-lich drein.
2. Thal ent-lang, und im Schritt und Trab frisch berg-auf, berg-ab.

Chor.

1—2. O, wie lus-tig läßt sich's jetzt mar-schie-ren in der

1—2. fri-schen, grü-nen Mai-en-zeit!

H. H. v. F.

68. Waldvögelein.

Mäßig bewegt.   Volkslied.

mf

1. Ich geh' durch ei-nen gras-grü-nen Wald und
2. O fing' nur, fin-ge, Frau Nach-ti-gall! Wer
3. Nun muß ich wan-dern berg-auf, berg-ab; die

Einzelne.

1. hö-re die Vö-ge-lein fin-gen; fie fin-gen fo jung, fie
2. möch-te dich, Sän-ge-rin, ftö-ren? Wie won-nig-lich klingt's im
3. Nach-ti-gall fingt in der Fer-ne. Es wird mir fo wohl, fo

dim.

1. fin - gen fo alt, die klei - nen Vö - ge - lein
2. Wie - der - hall! Es lau - fchen die Blu - men, die
3. leicht am Stab, und wie ich fchrei - te hin -

Vom Chor wiederholt.

mf

1. in dem Wald, die hör' ich fo ger - ne wohl fin - gen.
2. Vö - gel all' und wol - len die Nach - ti - gall hö - ren.
3. auf, hin - ab: die Nach - ti - gall fingt in der Fer - ne!

(Nach einem älteren Volksliede.) H. Klette, geb. 1813 zu Breslau.

69. Das Lied der Nachtigall.

Mäßig bewegt.   *Volksweise.*

mf

1. { Nach - ti - gall, Nach - ti - gall, wie fangst du fo fchön,
{ Nach - ti - gall, Nach - ti - gall, wie drang doch dein Lied,
2. { Nach - ti - gall, Nach - ti - gall, was fchwei - geft du nun?
{ Wa - rum willst, wa - rum willst du fin - gen nicht mehr?
3. { Wenn der Mai, wenn der Mai, der lieb - li - che Mai,
{ ist es mir, ist es mir fo ei - gen ums Herz,

p   *mf*

1. { fangst du fo fchön vor al - len Vö - ge - lein! Wenn du
{ drang doch dein Lied in je - des Herz hin - ein!
2. { fchweigeft du nun? Du fangst fo kur - ze Zeit. Wenn du
{ fin - gen nicht mehr? Das thut mir gar zu leid.
3. { lieb - li - che Mai, mit fei - nen Blumen flieht, Wollt' ich
{ ei - gen ums Herz weiß nicht, wie mir gefchieht.

ritard.

f

1. fan - geft, rief die gan - ze Welt: Jetzt muß es Früh - ling fein!
2. fan - geft, war mein Herz fo voll von Lust und Fröh - lich - keit.
3. fin - gen auch, ich könnt' es nicht; denn mir ge - lingt kein Lied.

mf

1. Nach - ti - gall, Nach - ti - gall, wie drang doch dein Lied,
2. Wa - rum willst, wa - rum willst du sin - gen nicht mehr?
3. Ja, mir ist, ja, mir ist so ei - gen um's Herz,

p   *mf*   *f*

1. drang doch dein Lied in je - des Herz hin - ein!
2. sin - gen nicht mehr? Das thut mir gar zu leid.
3. ei - gen um's Herz, weiß nicht, wie mir ge - schieht.

H. H. v. F.

70. Morgenruf.

Leicht und munter.   Kanon.

I.

mf

Er - wacht von Schlaf und Träu - men! Der Kuk - kuk ru - fet
Seht, in des Ber - ges Bäu - men die Son - ne hell auf-

II.

f

laut.
schaut!   Er - wa - chet, er - wa - chet, der Kuk - kuk ru - fet

III.

mf

laut.   Kuk - kuk! Kuk - kuk! Kuk - kuk! Kuk - kuk!

71. —Heidenröslein.—

Mäßig.   Volkslied. H. Werner.

mf

1. Sah' ein Knab' ein Rös - lein steh'n, Rös - lein auf der
2. Kna - be sprach: „Ich bre - che dich, Rös - lein auf der
3. Und der wil - de Kna - be brach's Rös - lein auf der

1. Heiden, war so jung und mor-gen-schön; lief er schnell, es
2. Heiden!" Rös-lein sprach: „Ich ste - che dich, daß du e - wig
3. Heiden; Rös-lein wehr - te sich und stach, half ihm doch kein

1. nah' zu seh'n, sah's mit vie - len Freuden.
2. denkst an mich, und ich will's nicht lei - den." } Rös-lein, Röslein,
3. Weh' und Ach, mußt' es e - ben lei - den.

1—3. Rös - lein rot, Rös - lein auf der Hei - ben!

J. W. v. Goethe, † 1832 zu Weimar.

72. Mein Ermland.

Mäßig bewegt.   Volksweise.

1. { Mein Erm-land will ich eh - ren, so lang' ich leb' und
   { die Äk - ter sind voll Äh - ren, die Wie - sen sind so

2. { Mein Erm-land will ich lie - ben, ihm sei mein Herz ge-
   { hier ist es noch ge - blie-ben, wie zu der Vä - ter

3. { Mein Erm-land will ich prei - sen, wo ich auch im - mer
   { mein Le - ben soll be - wei - sen, daß ich Erm-län - der

1. { bin; und durch die Blu-men-au wallt's Flüß-lein him-mel-
   { grün,

2. { weiht: hier gilt noch Sitt' und Treu', nicht Trug und Heu-che-
   { Zeit:

3. { bin; will blei - ben fromm und gut, be - wah - ren treu - en
   { bin:

1. blau. Mein Ermland will ich eh-ren, so lang' ich leb' und bin.
2. lei. Mein Ermland will ich lie-ben, ihm sei mein Herz ge-weiht!
3. Mut. Mein Ermland will ich prei-sen, wo ich auch im-merbin.
A. M. . . . .

73.—Abschied von der Heimat.—

Mäßig bewegt.   Volksweise.

mf

1. { Nun a - de, du mein lieb' Hei - mat - land, lieb'
   { Es geht jetzt fort zum frem - den Strand, lieb'
2. { Wie du lachst mit dei - nes Him - mels Blau, lieb'
   { Wie du grü - ßest mich mit Feld und Au', lieb'
3. { Be - glei - test mich, du lie - ber Fluß, lieb'
   { Bist trau - rig, daß ich wan - dern muß, lieb'

dolce   dim.   cresc.

pp   mf

1. { Hei - mat - land, a - de!   Und so sing' ich denn mit
   { Hei - mat - land, a - de!
2. { Hei - mat - land, a - de!   Gott weiß, zu dir steht
   { Hei - mat - land, a - de!
3. { Hei - mat - land, a - de!   Vom moos'-gen Stein am
   { Hei - mat - land, a - de!

1. fro - hem Mut, wie man sin - get, wenn man wan-dern thut,
2. stets mein Sinn, doch jetzt zur Fer - ne zieht's mich hin,
3. wald'-gen Thal, da grüß' ich dich zum letz - ten-mal,

dolce · dim.

p · pp

Anm. Dritte Stimme: ad libitum.

1. lieb' Hei - mat - land, a - de!
2. lieb' Hei - mat - land, a - de!
3. mein Hei - mat - land, a - de!

A. Disselhof.

74. Schifferlied.

Mäßig.   Volksweise.

mf

1. Gro - ßer Gott! durch Sturm und Nacht voll Ver-trau'n wir
2. Wie die Wo - gen, wut - ent-brannt, to - bend sich be-
3. Wie vor un - serm An - ge - sicht Mond und Ster - ne
4. Einst, in mei - ner letz - ten Not, laß mich nicht ver-

1. fah - ren; haft den Sturm her - vor - ge - bracht,
2. we - gen! Nir - gends Ret - tung, nir - gends Land,
3. schwinden! Wenn des Schiff - leins Ru - der bricht,
4. sin - ken! Sollt' ich von dem bit - tern Tod'

1. kannst im Sturm be - wah - ren: Sei ge - lobt mit
2. vor des Sturm-winds Schlä - gen! Ei - ner ist's, der
3. wo nun Ret - tung fin - den? Wo denn sonst, als
4. Well' auf Wel - le trin - ken: Biet' mir dann die

mf

1. Herz und Mund, sei ge - lobt zu je - der Stund'!
2. in der Nacht, Ei - ner ist's, der uns be - wacht!
3. bei dem Herrn? Seht ihr dort den hel - len Stern?
4. Hand so-gleich, ret - te mich ins Him - mel - reich!

1. Chrift, Ky - ri - e, komm' zu uns auf dem See!
2. Chrift, Ky - ri - e, du fchlum-merft auf dem See!
3. Chrift, Ky - ri - e, er - fchein' uns auf dem See!
4. Chrift, Ky - ri - e, komm' zu uns auf dem See!

J. D. Falk, † 1826 zu Weimar als Großherzl. Legationsrat.

75. Die Sterne.

Mit fanftem, innigem Ausdruck.   Nach L. v. Call, † 1815 in Wien.

mf

1. Viel tau-fend Ster-ne pran-gen am Him-mel ftill und
2. Die lei-fen Lüf-te we-hen mir fanf-te Küh-lung

1. fchön, und wek-ken mein Ver-lan-gen, hin-aus ins Feld zu
2. zu, be-rei-ten, un-ge-fe-hen, mir fü-ße A-bend-

pp

1. geh'n. } O, e-wig-fchö-ne Ster - ne in ewig-gleichem
2. ruh'. }

mf

1—2. Lauf, wie blick' ich ftets fo ger-ne zu eurem Glanz hin-

1—2. auf; wie blick' ich ftets fo ger - ne zu

4*

1—2. eu - rem Glanz hin - auf!

76.—Die Lorelei.

In ruhiger Bewegung.   Dr. Fr. Silcher.

mf
1. Ich weiß nicht, was soll es be - deu - ten, daß
2. Die schön - ste Jung - frau sit - zet dort
3. Den Schif - fer im klei - nen Schif - fe er -

1. ich so trau - rig bin; ein Mär-chen aus al - ten
2. o - ben wun - der - bar; ihr gold'-nes Ge - schmei - de
3. greift's mit wil - dem Weh'; er schaut nicht die Fel - sen -

dim.

1. Rei-ten, das kommt mir nicht aus dem Sinn. Die
2. blit-zet, sie kämmt ihr gol - de - nes Haar. Sie
3. rif - fe, er schaut nur hin - auf in die Höh'. Ich

cresc.

1. Luft ist kühl, und es dunkelt, und ruh-ig fließt der
2. kämmt es mit gol - de - nem Kamme und singt ein Lied da -
3. glau - be, die Wel - len verschlingen am En - de Schif-fer und

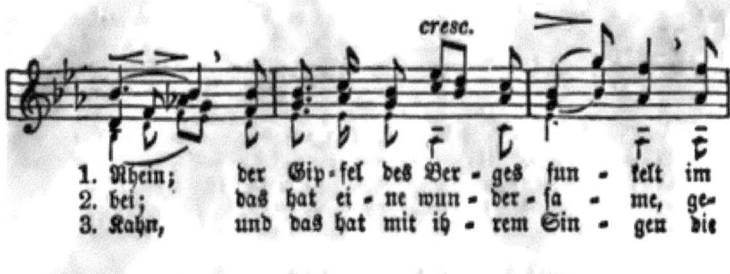

cresc.

1. Rhein;   der Gip-fel des Ber-ges fun-kelt im
2. bei;   das hat ei-ne wun-der-fa-me, ge-
3. Kahn,   und das hat mit ih-rem Sin-gen die

dim.

Anm. Dritte Stimme: ad libitum.

1. A-bend-fon-nen-fchein.
2. walt'-ge Me-lo-dei.
3. Lo-re-lei ge-than.

H. Heine, † 1856 zu Paris.

77. —Müllerlied.—

(Auf der Wanderschaft.)

Leicht bewegt.

Nach einer Melodie von Zöllner,
† 1860 zu Leipzig.

1. Das Wandern ift des Müll-lers Luft, das Wandern ift des
2. Vom Waf-fer ha-ben wir's ge-lernt, vom Waf-fer ha-ben
3. Das feh'n wir auch den Rä-dern ab, das feh'n wir auch den
4. Die Stei-ne felbft, fo fchwer fie find, die Stei-ne felbft, fo
5. O Wandern, Wandern, mei-ne Luft! O Wandern, Wandern,

p

1. Mül-lers Luft, das Wan-dern! das muß ein fchlech-ter
2. wir's ge-lernt, vom Waf-ferl das hat nicht Ruh' bei
3. Rä-dern ab, den Rä-bern, die gar nicht ger-ne
4. fchwer fie find, die Stei-ne! die tan-zen mit den
5. mei-ne Luft, o Wan-dern! Herr Mei-fter und Frau

1. Mül-ler sein, dem nie - mals fiel das Wan-dern ein, das
2. Tag' und Nacht, ist stets auf Wan-der-schaft be - dacht, das
3. stil - le steh'n und sich mein Tag nicht mü - de dreh'n, die
4. muntern Reih'n und wol - len gar noch schnel - ler sein, die
5. Mei-ster - in, laßt mich in Frie-den wei - ter zieh'n und

cresc.   cresc.

1. Wan - dern, das Wan-dern, das Wan - dern!
2. Waf - fer, das Waf - fer, das Waf - fer!
3. Rä - der, die Rä - der, die Rä - der!
4. Stei - ne, die Stei - ne, die Stei - ne!
5. wan - dern, und wan - dern, und wan - dern!

–78. Wanderlied.–

Munter. (Bei einstimmiger Ausführung: Tonhöhe Es-dur.) Volksweise.

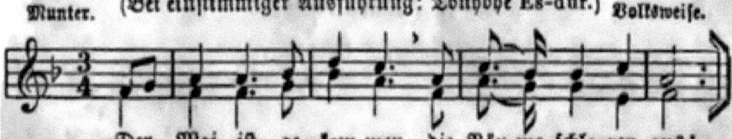

1. {Der Mai ist ge-kom-men, die Bäu-me schla-gen aus!
   {Da blei - be, wer Lust hat, mit Sor - gen zu Hauf'.
2. {Frisch auf denn, frisch auf denn, im hel-len Son-nen-strahl,
   {wohl ü - ber die Ber-ge, wohl durch das tie - se Thal!
3. {O Wandern, o Wandern, du frei - e, ho - he Lust!
   {Da weht Got-tes O - dem so frisch in die Brust;

1. Wie die Wol-ken dort wan-dern am himm-li - schen Zelt, so
2. Die Quel-len er - klin-gen, die Bäume rauschen all', mein
3. Da sin - get und jauch-zet das Herz zum Himmels-zelt: Wie

1. steht auch mir der Sinn in die wei - te, wei - te Welt.
2. Herz ist wie 'ne Ler - che und stim - met ein mit Schall!
3. bist du doch so schön, o du wei - te, wei - te Welt!

Em. Geibel. † 1884 zu Lübeck.

79. Mailied.

Munter. Volksweise.

mf

1. Der Mai ist doch die schön-ste Zeit, mit Blü-ten,
2. Die Son-ne scheint so warm und hell, es mur-melt
3. Und al - les blüht in bun - ter Pracht, von blau - er
4. O wun-der-schö-ne Mai - en - zeit, die stets des

1. Blu-men reich be-streut,
2. der ge-schwätz'-ge Quell, juch-he, juch-he, juch-he! Juch-
3. Luft um-scherzt, um - lacht,
4. Men-schen Herz er - freut,

1—4. he! blau blü-hend Blü-me-lein, tra-la, la, la, la,

1—4. la, tra-la, la, la, la, la, la! Sing', munt'res Vö-ge-lein!

80. Waldkonzert.

(Bei einstimmiger Ausführung:
Tonhöhe B-dur.)

Leicht bewegt.
Einzelne. W. Rothe.

1. Kon-zert ist heu - te an - ge - sagt im fri-schen, grü-nen
2. Der Di - stel-fink spielt keck vom Blatt die er - ste Vi - o-
3. Frau Nach-ti - gall, die Sän-ge - rin, die singt so hell und
4. Der Kut - tuck schlägt die Trommel gut, die Ler - che steigt em-
5. Mu - sik - di - rek - tor ist der Specht, er hat nicht Rast noch
6. Ver-wun-dert hö - ren Haf' und Reh' das Fie-deln und das

1. Wald, die Mu - si - kan - ten stim - men schon, hört,
2. lin', sein Vet - ter Buch-fink ne - ben - an be-
3. zart; und Mons - je Hänf - ling bläst da - zu die
4. por und schmet - tert mit Trom - pe - ten - klang voll
5. Ruh', schlägt mit dem Schna-bel, spitz und lang, gar
6. Schrei'n, und Bie - ne, Müď' und Kä - fer - lein, die

Im Thor.

1. wie es luf - tig schallt! 1—6. Das ju - bi - liert und
2. glei - tet luf - tig ihn.
3. Flöt' nach be - fter Art.
4. Ju - bel in den Thor.
5. fein den Takt da - zu.
6. ftim - men fum-mend ein.

1—6. mu-fi-ciert, das schmettert und das schallt; das geigt und singt, das

1—6. pfeift und klingt im fri-schen, grü-nen Wald!

81. —Mein stilles Thal!—

Mäßig langsam.   Volksweise.

p

1. Im schön-sten Wie-sen-grun-de ist mei - ner Hei-mat
2. Muß aus dem Thal jetzt schei-den, wo al - les Luft und
3. Es winkt in ban - ger Stun-de dein Bild mir tröf - tend

1. Haus; da zog ich man-che Stun-de ins Thal hin-
2. Klang; das ift mein herb-ftes Lei-den, mein ſchwer-ſter
3. zu; auf wei-tem Er-den-run-de beutſt du nur

1. aus. Dich, mein ſtil-les Thal, grüß' ich tauſend-mal! Da
2. Gang. Dich, mein ſtil-les Thal, grüß' ich tauſend-mal! Das
3. Ruh'. Dich, mein ſtil-les Thal, grüß' ich tauſend-mal! Auf

1. zog ich man-che Stun-de ins Thal hin-aus.
2. ift mein herb-ftes Lei-den, mein ſchwer-ſter Gang.
3. wei-tem Er-den-run-de beutſt du nur Ruh'!

82.—Zum Schulfeſte.

Marſchmäßig.   Volksweiſe.

1—3. Rüh-ret die Trommeln und ſchwen-ket die Fah-nen!

1—3. Bor-wärts, marſch, vi-val-le-ral-le-ral

1. { Wie ſich heu-te froh die Bö-gel ſchwin-gen
   { wol-len wir auch ſin-gen und ſprin-gen
2. { Sei ge-grüßt, du heit'-rer blau-er Him-mel,
   { fro-hes Le-ben, re-ges Ge-wim-mel,
3. { Mit uns freut euch, Bäu-me, ſäu-ſelt al-le,
   { Bög-lein, ſingt mit freu-di-gem Schal-le,

1. {mit Ge-sang durch Wald und Feld,
in die wei-te, grü-ne Welt!}
2. {und du, mil-der Son-nen-glanz!
Blät-ter-säu-seln, Hal-men-tanz!}
3. {Mai-en-glöck-chen, klin-get drein!
stimmt in un-sern Ju-bel ein!}

Marsch! Marsch!

1—3. Marsch! Hei-sa, wir hal-ten un-sern fro-hen Gang

1—3. heu-te mit Ju-bel-Sang und Klang! H. H. v. F.

83. Marschliedchen.

Munter.

1. Blau-e Luft, Blu-men-duft und der Win-de
2. Wal-des-nacht, Blät-ter-pracht, das ist mein Pa-

1. Weh'n! Im-mer zu oh-ne Ruh' ü-ber Thal und
2. last! Hel-ler Schall ü-ber-all klingt aus Busch und

1. Höh'n. Hei-sa, wie die Pul-se schla-gen! In der Vö-gel
2. Ast! Und so zieh' ich fröh-lich wei-ter durch die schö-ne

1. Sang mi - schet sich, vom Wind ge - tra - gen, fer - ner Glok-ken-
2. Welt, schau - e von den Ber - gen hei - ter ü - ber Thal und

1. Klang.
2. Feld. La la la la la la la la

Bei der Wiederholung: pp

tra la la la la la la la la la la la la la.

Weich und innig.
Halbchor.

84. — Abendlied. —

Volksweise.

mf

1. Seht, wie die Son - ne schon sin - ket, gol - den bemalt sie den
2. Still, bis der Mor - gen uns la - chet, ruh'n wir in gött - li - cher

1. Hain! Seht, wie der A - bend-stern blin - ket,
2. Hut, prei - sen dann, fröh - lich er - wa - chet,

dolce

1. lä - chelnd in bläu - li - chem Schein. } Lieb-lich tö - net die
2. Ta - ges neu flam-men-de Glut.

p

Ganzer Chor.

Glok - ke, sie läu - tet zur Ruh'; o läu - te, mein

Glöck-lein, o läu-te nur zu; läu-te, mein

Glöck-lein, nur zu, o läu-te zur stil-len Ruh'!

Anm. Die dritte Stimme: ad libitum.

85. –Abendglöcklein.–
Kanon.

Munter.

I.

II.

Horch! es fingt der Glok-te Ton von der Ar-beit

III.

fü-ßem Lohn: Fei-er-a-bend!

86. –Leb' wohl, du schöner Wald!–

Belebt.

Einzelne.

1. So schei-den wir mit Sang und Klang: Leb' wohl, du schöner Wald!
2. Wir sin-gen auf dem Heimweg noch ein Lied der Dankbarkeit!
3. Schaut hin! wie fern' noch hört's der Wald in fei-ner A-bendruh';

mf

1. Mit dei-nem küh-len Schatten, mit dei-nen grü-nen
2. Lad' ein, wie heut', uns wie-der auf Lau-bes Duft und
3. die Wip-fel möcht' er nei-gen, er rau-fchet mit den

Vom Chor wiederholt.

1. Mat-ten, du fü-ßer Auf-ent-halt, du fü-ßer Auf-ent-halt!
2. Lie-der zur schö-nen Mai-en-zeit, zur schö-nen Mai-en-zeit!
3. Zwei-gen. Lebt wohl! ruft er uns zu; lebt wohl! ruft er uns zu.

Anm. Die dritte Stimme: ad libitum.

87. In der Heimat!

Mäßig bewegt.

mf

cres - cen -

- do   ritard.   a tempo

cres - cen - do

1. {In der Heimat, in der Heimat, in der Heimat ist es schön! Auf den
   {Auf der Ber-ge, auf der Berge, auf der Berge lichten Höh'n!
2. {In der Heimat, in der Heimat, in der Heimat ist es schön! Wo ins
   {Wo die Lüf-te, wo die Lüf-te, wo die Lüf-te sanfter wehn!
3. {In der Heimat, in der Heimat, in der Heimat ist es schön! Wo mein
   {Wo ich euch, wo ich euch, wo ich euch zu-erst ge-sehn!

1. schroffen Fel-sen-pfa-den, auf der Flu-ren grü-nen Saaten, wo die
2. Thal so sil-ber-hel-le sich er-gießt die Fel-sen-quel-le, wo der
3. Herz euch hat ge-fun-den, e-wig sich mit euch ver-bunden, dort werd'

1. Herden wei-dend ge-hen, wo die Herden weidend geh'n: 1-3. In der
2. Eltern Häu-ser ste-hen, wo der El-ternhäuser sieh'n:
3. ich euch wie-der-se-hen, dort werd' ich euch wiedersehn!

1—3. Hei-mat, in der Hei-mat, in der Hei-mat ist es schön!

Anm. Die dritte Stimme: ad libitum.

88. Der Wachtelschlag.

R. G. Hering, † 1852
als Seminarlehrer zu Zittau.

Mäßig bewegt.

fz

1. Horch! wie schallt's dor-ten so lieb-lich her-vor:
2. Wie-der spricht deut-lich ihr hüp-fen-der Schlag:
3. Schreckt dich im Wet-ter der Herr der Na-tur:

1. Fürch=te Gott! fürch=te Gott! ruft mir die Wach=tel ins
2. Lo=be Gott! lo=be Gott, der dich zu näh=ren ver=
3. Bit=te Gott! bit=te Gott! — ruft sie — er scho=net der

1. Ohr! Sit=zend im Grü=nen, von Hal=men um=hüllt,
2. mag! Siehst du die herr=li=chen Früch=te im Feld,
3. Flur! Ma=chen dir an=dre Ge=fah=ren so bang,

1. mahnt sie den Hor=cher am Saa=ten=ge=fild: Lie=be Gott!
2. nimm es zu Her=zen, Be=woh=ner der Welt: Dan=ke Gott!
3. trös=te dich wie=der der Wach=tel Ge=sang: Trau=e Gott!

1. lie=be Gott! Er ist so gü=tig und mild!
2. dan=ke Gott, der dich er=schuf und er=hält!
3. trau=e Gott! Sieh', er ver=zie=het nicht lang!

S. Fr. Sauter. 1796.

89. Die Lerche.

Munter.   Aug. Harder, † 1813 zu Leipzig.

1. Hört die Ler=che! sie singt! Hoch in den bläu=li=chen
2. Seht die Ler=che! sie steigt! Hoch aus den himm=li=schen
3. Seht die Ler=che! sie schwingt lus=tig ihr brau=nes Ge=
4. Hört die Ler=che! sie schwebt ü=ber der Er=de Ge=

1. Lüf - ten ü - ber den grü - nen - den Trif - ten
2. Räu - men ruft sie den schlummern - den Kei - men:
3. sie - der, und auf die Knos - pen her - nie - der
4. tüm - mel prei - send und dan - kend gen Him - mel.

1. tö - net ihr Lied. Wie er - klingt ih - re me-
2. „Grü - net! der Win - ter ent - fleucht!" Und der Er-
3. schau - et sie freund - lich und singt: „Krö - net das
4. „Men - schen," so singt sie, „er - hebt ü - ber die

1. lo - di - sche Brust uns zur Freu - de und Lust!
2. näh - re - rin Schoß schmücken Hal - me und Moos.
3. lieb - li - che Grün!" und die Knos - pen er - blüh'n.
4. ir - di - sche Bahn eu - re Her - zen hin - an!"

F. A. Krummacher, † 1845 zu Bremen.

90. Das deutsche Vaterland.

Mit Nachdruck.
Einzelne.
H. G. Nägeli.

mf

1. Kennt ihr das Land, so wun - der - schön in sei - ner Ei - chen
2. Kennt ihr das Land, vom Tru - ge frei, wo noch das Wort des
3. Kennt ihr das Land, wo Sitt - lich - keit im Krei - se fro - her
4. Heil dir, du Land, so hehr und groß vor al - len auf dem

1. grü - nem Kranz? das Land, wo auf den sanf - ten Höh'n
2. Man - nes gilt? das gu - te Land, wo Lieb' und Treu'
3. Men - schen wohnt? das heil' - ge Land, wo un - ent - weiht
4. Er - den - rund! Wie schön ge - deiht in dei - nem Schoß

1. die Trau-be reift im Son - nen-glanz? Das schöne
2. denSchmerz des Er-den-le - bens stillt? Das gu-te
3. der Glau-be an Ver-gel - tung thront? Das heil'ge
4. der ed-len Frei-heit schö - ner Bund! D'rum wollen

Anm. Die dritte Stimme: ad libitum.

1. Land ist uns be-kannt, es ist das deut-sche Va-ter-land!
2. Land ist uns be-kannt, es ist das deut-sche Va-ter-land!
3. Land ist uns be-kannt, es ist ja un-ser Va-ter-land!
4. wir dir Lie-be weih'n und dei-nes Ruh-mes wür-dig sein!

L. Wächter, † 1837 zu Hamburg.

91. Mein Vaterland.

Bernhard Klein, † 1832
als Direktor des Kgl. Musikinstitutes zu Berlin.

Mäßig bewegt.

1. Treu-e Lie-be bis zum Gra-be schwör' ich dir mit
2. In der Freu-de, wie im Lei-de ruf' ich's Freund' und

1. Herz und Hand: was ich bin und was ich ha-be, dank' ich
2. Fein-den zu: E-wig sind ver-eint wir bei-de, und mein

cresc.

mf

1. dir, mein Va-ter-land! Nicht in Wor-ten nur und Lie-dern
2. Trost,mein Glück bist du! Treu-e Lie-be bis zum Gra-be

cresc.

1. ist mein Herz zum Dank be-reit: mit der That will ich's er-
2. schwör' ich dir mit Herz und Hand; was ich bin und was ich

1. wie - dern dir in Not, in Kampf und Streit!
2. ha - be, dank' ich dir, mein Va - ter - land!

H. H. v. F.

92. Erntelied.

A. Kothe, † 1868
als Seminarlehrer zu Breslau.

Freudig bewegt.

1. Sen - sen schal-len, Äh - ren fal - len un - ter Sen-sen-
2. Si - cheln klin-gen, Mäd-chen sin - gen un - ter Si - chel-
3. Al - les sprin-get, al - les sin - get, was nur sin - gen

1. schall; auf den Mäd - chen-hü - ten zit - tern blau - e
2. klang; bis, vom Mond be-schimmert, rings die Stop - pel
3. kann. Bei dem Ern - te-mah-le ißt aus ei - ner

1. Blü - ten; Freud' ist ü - ber - all, ü - ber - all,
2. schim-mert, tönt der Ern - te - sang, Ern - te - sang,
3. Scha - le Knecht und Bau-ers-mann, Bau-ers-mann,

1. Freud' ist ü - - ber - all!
2. tönt der Ern - - te - sang!
3. Knecht und Bau - - ers - mann!

Hölty, † 1776.

Anm. Die dritte Stimme: ad libitum.

93.~Vorgefühl des Winters.~

1. Nä - her rückt die trü - be Zeit, und ich fühl's mit
2. Blu - men auf der grü - nen Au' still ihr Haupt schon
3. Blatt sinkt nie - der in den Staub, wird ein Spiel der
4. „Mor - gen muß ich fort von hier!" singt der Fink mit

1. Be - ben: schwinden muß die Herr - lich - keit, ster - ben jun - ges
2. nei - gen, Som - mer - a - bend - lüf - te, lau, rau - hen Stür - men
3. Winde, trau - rig schüt - telt ab ihr Laub auf den Weg die
4. Grä - men; Rös - lein, schwindet ih - re Zier, müs - sen Ab - schied

1. Le - ben! Wal - desschmuck und Blü - ten - pracht sin - ken bald in
2. wei - chen. Vo - gel auf der Ber - ges - höh', Schmetter - ling am
3. Lin - de. Wol - ke eilt, dem Pfei - le gleich, stür - mend durch der
4. neh - men. Ach, es macht so bit - tern Schmerz, wenn, die in - nig

1. Gra - bes - nacht. Schei - den, das macht Lei - ben.
2. hel - len See müs - sen von uns schei - ben.
3. Lüf - te Reich, scheucht die trau - ten Ster - ne.
4. liebt das Herz, al - le uns ver - laf - sen,

Anm. Die dritte Stimme: ad libitum.

1. Schei - den, das macht Lei - ben.
2. müf - sen von uns schei - ben.
3. scheucht die trau - ten Ster - ne.
4. al - le uns ver - laf - sen.

J. Arnold.

94. Winterlied.

1. Wie ru-hest du so stil-le in dei-ner wei-ßen
2. Du schlummerst nun ent-klei-det; kein Lamm, kein Schäflein
3. Die Zweig' und Äst-lein schimmern und tau-send Lich-ter
4. Der gu-te Va-ter dro-ben hat dir dein Kleid ge-
5. Bald in des Len-zes We-hen wirst du ver-jüngt er-

1. Hül-le, du müt-ter-li-ches Land! Wo
2. wei-det auf dei-nen Au'n und Höh'n. Der
3. flim-mern, wo-hin das Au-ge blickt. Wer
4. wo-ben, er schläft und schlum-mert nicht. So
5. ste-hen zum Le-ben wun-der-bar! Sein

1. sind des Früh-lings Lie-der, des Som-mers bunt Ge-
2. Vög-lein Lied ver-stumm-te, kein Bien-lein mehr, das
3. hat dein Bett be-rei-tet, die Dek-ke dir ge-
4. schlumm're denn in Frie-den! Der Va-ter weckt die
5. O-dem schwebt her-nie-der; dann, Er-de, stehst du

1. lie-der und dein be-blüm-tes Fest-ge-wand? und
2. summ-te; doch bist du auch im Win-ter schön, doch
3. sprei-tet und dich so schön mit Reif ge-schmückt? und
4. Mü-den zu neu-er Kraft und neu-em Licht, zu
5. wie-der mit ei-nem Blu-men-kranz im Haar, mit

Dritte Stimme: ad libitum.

1. dein be-blüm-tes Fest-ge-wand?
2. bist du auch im Win-ter schön!
3. dich so schön mit Reif ge-schmückt?
4. neu-er Kraft und neu-em Licht!
5. ei-nem Blu-men-kranz im Haar! Fr. Ad. Krummacher.

5*

95. Der süße Klang.

96.—Der Schweizer.—

Dr. Fr. Silcher.

Mäßig.

1. Zu Straß-burg auf der Schanz', da ging mein Trau-ern
2. Ein' Stund' in der Nacht sie ha-ben mich ge-
3. Früh mor-gens um zehn Uhr stellt man mich vor das Regi-
4. Ihr Brü-der all-zu-mal, heut' seht ihr mich zum letzten-
5. O Him-mels-kö-nig, Herr, nimm du mein' arme Seel' da-

1. an: das Alp-horn hört' ich drü-ben wohl an-stim - men, ins
2. bracht; sie führ-ten mich gleich vor des Hauptmanns Haus, ach
3. ment; ich soll da bit-ten um Par-don, und
4. mal! Der Hir-ten-bub' ist doch nur Schuld da-ran, das
5. hin, nimm sie zu dir in den Him - mel ein und

1. Va-ter-land mußt' ich hin-ü-ber schwim-
2. Gott, sie fisch-ten mich im Stro-me
3. ich be-komm' ge-wiß doch mei-nen
4. Alp-horn hat mir sol-ches an-ge-
5. laß sie e-wig bei dir

Anm. Dritte Stimme: ad libitum.

1. men: das ging nicht an!
2. auf: mit mir ist's aus.
3. Lohn; das weiß ich schon.
4. than, das klag' ich an.
5. sein! Ver-giß nicht mein!

Volkslied. (Wunderhorn.)

97.—Auf Wiedersehn!

Volkslied.

F. Mendelssohn-Bartholdy, Kgl. Preuß.
Musikdirektor, † 1847 zu Leipzig.

Mäßig.

1. Es ist be-stimmt in Got-tes Rat, daß man vom
2. So dir ge-schenkt ein Knösplein was, so thu' es

1. Lieb-sten, was man hat, muß schei-den, ja schei-den; wie-
2. in ein Was-ser-glas, doch wis-se, ja wis-se: blüht

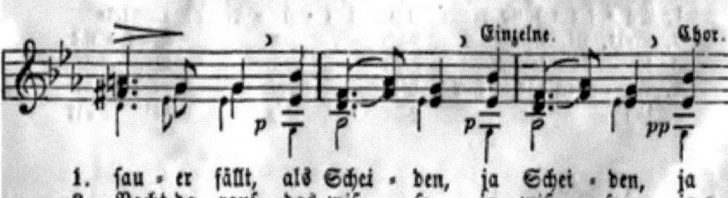

1. wohl doch nichts im Lauf der Welt dem Her-zen, ach! so
2. mor-gen dir ein Rös-lein auf, es welkt wohl schon die

1. sau-er fällt, als Schei-den, ja Schei-den, ja
2. Nacht da-rauf, das wis-se, ja wis-se, ja

1. Schei - den.
2. wis - se. 3. Nun mußt du mich auch recht verstehn, nun

1. Ruh',   schlaf' in himm = li = scher Ruh'!
2. da!   Christ, der Ret = ter, ist da!
3. burt!   Christ, in dei = ner Ge = burt!

Jos. Mohr.

99. Weihnachtslied.

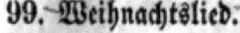

Mit Innigkeit.   Nach einer Volksweise.

Einzelne.   Vom Chore wiederholt. Einzelne.

1. O heil'=ges Kind, wir grü = ßen dich   mit Har=fen=klang und
2. Du liegst in Ruh', du heil'=ges Kind; wir   hal=ten Wacht in
3. O Heil dem Haus, in das du kehrst! Es   wird be=glückt und

Vom Chor wiederholt.

Chor.

1. Lob = ge = sang!   O heil'=ges Kind, wir grü=ßen dich mit
2. dunk = ler Nacht!   Du liegst in Ruh', du heil'=ges Kind; wir
3. hoch ent=zückt!   O Heil dem Haus, in das du kehrst! Es

Anm. Die dritte Stimme: ad libitum.

1. Har = fen = klang und   Lob = ge = sang!
2. hal = ten Wacht in   dunk = ler Nacht!
3. wird be = glückt und   hoch = ent = zückt!

Aus dem Festkalender von Franz Pocci.

100. Dem Kaiser!

Lebhaft.   C. F. Zelter.

1. Dem Kai-ser sei mein er-stes Lied, ihm klingt der er-ste
2. Wie mei-nen Va-ter lieb' ich ihn bis zu dem letz-ten
3. Er ist mein Kai-ser und mein Held aus herr-li-chem Ge-

1. Klang; des Va-ter-lan-des Schirm und Hort preis'
2. Hauch. Was gilt's, wenn er mein Kai-ser ist, mein
3. schlecht; und wenn er lau-tes Lob ver-schmäht, so

Einzelne.

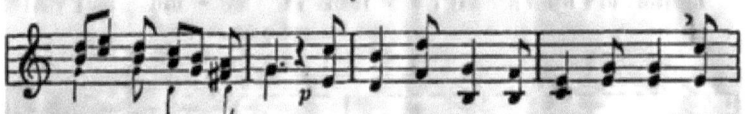

1. ich mit lau-tem Sang. Sein Na-me füllt mit re-ger Lust jed-
2. Va-ter ist er auch. Er blickt von sei-nem Hel-den-thron mit
3. preis' ich ihn erst recht. Er ist mein Kai-ser und mein Mann, d'rum

cresc.

1. we-des Deutschen treu-e Brust! 1—3. Der Kai-ser le-be
2. Lust auf je-den Deutschen-sohn.
3. sing' ich, was ich sin-gen kann:

Anm. Die dritte Stimme: ad libitum.

Im Chor.

1—3. hoch! der Kai-ser le-be hoch! der Kai-ser le-be hoch!

101. Unfer Kaifer lebe lang'!

Frisch bewegt.   Bearbeitet nach einer Melodie von G. Koch.

1. „Un = fer Kai = fer le = be lang'!" ift des Deutfchen
2. Von dem Nie = men bis zum Rhein ftimmt in Ju = bel
3. Je = des Herz in ed = ler Bruft pocht für ihn in
4. Wall und Mau = ern nicht und Heer, Deutfchlands Lieb' ift
5. D'rum laßt uns in ftol = zer Bruft un = fers Kai = fers

1. Feft = ge = fang. Wo die Be = cher froh er = klin = gen,
2. al = les ein, wenn es gilt, in fro = hen Wei = fen
3. re = ger Luft; denn es fühlt, wie's ihm Ent = züt = ken,
4. fei = ne Wehr. Wenn er winkt, von al = len Sei = ten
5. fein be = wußt! Beffern kann es kei = nen ge = ben;

1. wo die Stim = men fröh = lich fin = gen, tönt des Deut = fchen
2. den ge = lieb = ten Kai = fer prei = fen, wenn er = tönt der
3. fei = ne Böl = ter zu be = glüt = ten. Da = rum tönt auch
4. eilt fein Bolf für ihn zu ftrei = ten; es be = gei = ftert
5. da = rum laßt ihn freu = dig le = ben! Ruft in lau = tem

1. Feft = ge = fang, tönt des Deut = fchen Feft = ge = fang:
2. Feft = ge = fang, wenn er = tönt der Feft = ge = fang:
3. Ju = bel = fang, da = rum tönt auch Ju = bel = fang:
4. der Ge = fang, es be = gei = ftert der Ge = fang:
5. Ju = bel = flang, ruft in lau = tem Ju = bel = flang:

Nachdrücklich.

1—5 Un = ſer Kai = ſer le = be lang', un = ſer Kai = ſer

1—5. le = be lang', un = ſer Kai = ſer le = be lang'!
Anm. Dritte Stimme: ad libitum.

102.—Auf Scharnhorſts Tod.
(Den 28. Juni 1813.)

Mäßig und mit Nachdruck.   Volksweiſe. 1717.

1. In dem wil = den Krie = ges = tan = ze brach die ſchön = ſte
2. Aus dem ir = di = ſchen Ge = tüm = mel ha = ben En = gel
3. „Grüß' euch Gott, ihr teu = ren Hel = den! Kann euch fro = he
4. Zu den höch = ſten Ber = ges = for = ſten, wo die frei = en
5. Kei = ner war wohl treu = er, rei = ner! nä = her ſtand dem

1. Hel = den = lan = ze, Preu = ßen, eu = er Ge = ne = ral!
2. in den Him = mel ſei = ne See = le ſanft ge = führt
3. Botſchaft mel = den: Un = ſer Volk iſt auf = ge = wacht!:
4. Ad = ler hor = ſten, hat ſein Blick ſich früh ge = wandt;
5. Kö = nig kei = ner, doch dem Vol = ke ſchlug ſein Herz.

1. Luſ = tig auf dem Feld bei Lüt = zen ſah er Freiheits =
2. zu dem al = ten deutſchen Ra = te, ben im rit = ter =
3. Deutſchland hat ſein Recht ge = fun = den; ſchaut! ich tra = ge
4. nur dem Höch = ſten galt ſein Stre = ben, nur in Freiheit
5. E = wig auf den Lip = pen ſchwe = ben wird er, wird im

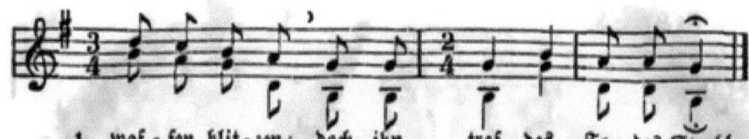

1. waf - fen blit - zen; doch ihn   traf des   To - des Strahl.
2. li - chen Staa - te   e - wig   Kai - fer Karl re - giert.
3. Sühnungswun - den aus der   heil' - gen Op - ferschlacht!"
4. konnt' er le - ben: Scharnhorst   ist   er d'rum ge - nannt.
5. Bol - ke le - ben, bef - fer,   als in Stein und Erz.

Max v. Schenkendorf, † 1817 als Regierungsrat zu Koblenz.

103. — Das Lied vom Feldmarschall.

Marschmäßig.   Volkslied.

1. Was bla - fen   die Trom - pe - ten? Hu - fa - ren, her - aus!
2. O schau - et, wie ihm leuch - ten die Au - gen fo klar!
3. Er ift der Mann ge - we - fen, als al - les ver - fank,
4. Er hat den Schwur ge - hal - ten. Als Kriegs - ruf er - klang,
5. Bei Lüt - zen¹) auf der Au - e er hielt fol - chen Strauß,
6. Am Waf - fer der Katz - bach,²) da hat er's auch be - währt,
7. Bei Wartburg³) an der El - be, wie fuhr er hin - durch!
8. Bei Leip - zig⁴) auf dem Pla - ne, o herr - li - che Schlacht!
9. D'rum bla - fet, ihr Trom - pe - ten! Hu - fa - ren, her - aus!

1. Es rei - tet der Feld - mar - fchall im flie - gen - den Saus;
2. O schau - et, wie ihm wal - let fein schnee - wei - ßes Haar!
3. der mu - tig auf gen Him - mel den De - gen noch schwang;
4. hei! wie der wei - ße Jüng - ling in'n Sat - tel fich schwang!
5. daß vie - len tau - fend Wel - schen der A - tem ging aus;
6. da hat er die Fran - zo - fen das Schwim - men ge - lehrt;
7. da schirmte die Fran - zo - fen nicht Schan - ze noch Burg;
8. da brach er den Fran - zo - fen das Glück und die Macht!
9. Du rei - te, Herr Feld - mar - fchall, wie Win - de im Saus,

1) Den 2. Mai.   2) Den 26. August.   3) Den 3. Oktober.   4) Vom 16. —
19. Oktober.

1. er rei - tet so freu - dig sein mu - ti - ges Pferd, und
2. So frisch blüht sein Al - ter, wie grei - sen - der Wein; d'rum
3. da schwur er beim Ei - sen gar zor - nig und hart, Fran -
4. da ist er's ge - we - sen, der Kehr - aus ge - macht, mit
5. daß Tau - sen - de lie - fen gar haf - ti - gen Lauf, Zehn -
6. Fahrt wohl, ihr Fran - zo - sen, zur Oft - see hin - ab! und
7. sie mußten wie - der sprin - gen, wie Hasen ü - ber's Feld, und
8. da la - gen sie si - cher nach blu - ti - gem Fall: da
9. dem Sie - ge ent - ge - gen zum Rhein, ü - ber'n Rhein, du

1. schwin - get so schnei - dig sein blit - zen - des Schwert.
2. kann er Ver - wal - ter des Schlachtfel - des sein.
3. zo - sen zu wei - sen die echt deut - sche Art.
4. ei - ser - nem Be - sen das Land rein ge - macht.
5. tau - send ent - schlie - fen, die nie wa - chen auf.
6. nehmt, Oh - ne - ho - sen, den Wal - fisch zum Grab!
7. hell ließ er - klin - gen sein „Huf - fa" der Held.
8. ward der Herr Blü - cher ein Feld - mar - schall.
9. tap - fe - rer De - gen, in Frank - reich hin - ein!

Chor.

1—9. Juch - hei - raf - faf - fa! und die Preu - ßen sind da, die

1—9. Preu - ßen sind luf - tig, sie ru - fen: Hur - ra!

E. M. Arndt, 1769—1860.

104. Preußenlied.

1. wa - gen: Sei's trü - ber Tag, sei's heit' - rer Son - nen -
2. lan - de!   Des Kö - nigs Ruf dringt in das Herz mir
3. ger - ne.   Ihr Glück ist Trug und ih - re Frei - heit
4. zit - tern;   es stürm' und krach', es blit - ze wild da -
5. Treu - e!   Fest sei der Bund! ja, schla - get mu - tig

Vom Chor wiederholt.

1. schein: 1-4. Ich bin ein Preu - ße, will ein Preu - ße sei - gen
2. ein: 5. Wir sind ja Preu - ßen, laßt uns Preu - ßen (sä - ter
3. Schein: uft den)
4. rein:
5. ein!

B. Thiersch.

Mit Nachdruck.   **105. Des Deutschen Vaterland.**

J. Eotta. Volksweise.

*) Halbchor.

1-5. Was ist des Deut - schen Va - ter - land?   1. Ist's
                                          2. Ist's
                                          3. Ist's
                                          4. So
                                          5. So

1. Preußen - land? ist's Schwa - ben - land? ist's, wo am Rhein die
2. Bai - er - land? ist's Stei - er - land? ist's, wo des Mar - sen
3. Pommer - land? West - fa - len - land? ist's, wo der Sand der
4. nen - ne mir das gro - ße Land! Ist's Land der Schwei - zer,
5. nen - ne mir das gro - ße Land! Ge - wiß, es ist das

1. Re - be blüht? ist's, wo am Belt die Mö - ve zieht?
2. Rind sich streckt? ist's, wo der Mär - ker Ei - sen reckt?
3. Dü - nen weht? ist's, wo die Do - nau brau - send geht?
4. ist's Ti - rol? das Land und Volk ge - fiel' mir wohl.
5. D - ster - reich, an Eh - ren und an Sie - gen reich?

*) Bei ein - oder zweistimmiger Ausführung = in C-dur.

Chor. Bewegt.

1—5. O nein, o nein, o nein, o nein, sein Va-ter-

land muß grö-ßer sein! 6. Was ist des Deut-schen

Halbchor.

7. Das gan-ze Deutschland

6. Va-ter-land? So nen-ne end-lich mir das Land! „So
7. soll es sein! O Gott vom Him-mel, sieh' da-rein, und

cresc.

6. weit die deut-sche Zun-ge klingt und Gott im Him-mel
7. gieb uns rech-ten deut-schen Mut, daß wir es lie-ben

Chor.

6. Lie-der singt". Das soll es sein! Das soll es
7. treu und gut. Das soll es sein! Das soll es

Dritte Stimme: ad libitum.

6. sein! Das, wack-rer Deut-scher, nen-ne dein!
7. sein! Das gan-ze Deutschland soll es sein!

E. M. Arndt, Professor in Bonn, † 1860.

106. Die Wacht am Rhein.

Karl Wilhelm, geb. 1815 zu Schmalkalden,
wirkte als Musikdirektor in Frankfurt a. M. und
in Krefeld; † 1873.

Lebhaft und feurig.

1. Es braust ein Ruf, wie Don-ner-hall, wie Schwert-ge-flirr' und
2. Durch Hundert-tau-send zuckt es schnell, und al - ler Au - gen
3. Er blickt hin-auf in Him-melsau'n, da Hel-den-vä - ter
4. So lang' ein Trop-fen Blut noch glüht, noch ei - ne Faust den
5. Der Schwur erschallt, die Wo-ge rinnt, die Fah-nen flat-tern

1. Wo-gen-prall: „Zum Rhein, zum Rhein, zum deut-schen Rhein! Wer
2. blit-zen hell; der Deut-sche, bie - der, fromm und stark, be-
3. nie - derschau'n, und schwört mit stol - zer Kam - pfes-lust: du
4. De - gen zieht, und noch ein Arm die Büch - se spannt, be-
5. hoch im Wind: Zum Rhein, zum Rhein, zum deut-schen Rhein! Wir

Halbchor.

dolce

1. will des Stro - mes Hü - ter sein?"
2. schützt die heil' - ge Lan - des - mark.
3. Rhein bleibst deutsch, wie mei - ne Brust!
4. tritt kein Feind hier bei - nen Strand.
5. al - le wol - len Hü - ter sein.

1-5. Lieb' Va-ter-land, magst

1-5. ru-hig sein, lieb' Vaterland, magst ruhig sein. Fest steht und treu die Wacht, die

1—5. Wacht am Rhein! Fest steht und treu die Wacht am Rhein!

Max Schneckenburger, geb. 1819 in Thalheim
(Württemberg), † 1849 zu Burgdorf in der Schweiz.
Die Entstehung des Liedes fällt in das Jahr 1840.

107.—Der deutsche Mann.

Mit Festigkeit.   Nach einer Melodie von Fink.

1—4. Wer ist ein Mann?
1. Wer be-ten kann und Gott dem
2. Wer glau-ben kann in-brün-stig
3. Wer lie-ben kann von Her-zen
4. Wer strei-ten kann für Gott und

1. Herrn ver-traut; wenn al-les bricht, er za-get nicht, dem
2. wahr und frei; denn die-se Wehr trügt nim-mer-mehr, die
3. fromm und warm; die heil'-ge Glut giebt ho-hen Mut und
4. Va-ter-land; er läßt nicht ab bis in das Grab mit

1. Frommen nim-mer graut, dem From-men nim-mer graut.
2. bricht kein Feind ent-zwei, die bricht kein Feind ent-zwei.
3. stärkt mit Stahl den Arm, und stärkt mit Stahl den Arm.
4. Herz und Mund und Hand, mit Herz und Mund und Hand.

E. M. Arndt.

Anm. Dritte Stimme: ad libitum.

108. Waldlust.

Frisch bewegt.   Volksweise. (W. Würfel, † 1832.)
Einzelne.   Vom Chor wiederholt.

1. Wie herr-lich ist's im Wald, im grü-nen, grü-nen Wald!
2. Der Jä-ger Auf-ent-halt, der grü-ne, grü-ne Wald!
3. Wie ringsum al-les hallt im grü-nen, grü-nen Wald!

1. Wenn fröh-li-che Hörner er-klingen, wie regt sich die Lust, hier zu
2. Er rauscht mit ge-wal-ti-gen Zweigen, die al-le zum Gru-ße sich
3. Das E-cho giebt al-le die Lie-der uns fröh-li-chen Sängern dann

1. sin-gen }
2. nei-gen } im grü-nen, grü-nen Wald, im grü-nen, grü-nen
3. wie-der }

1—3. Wald! Hal-lo, Hal-lo, Hal-lo, Hal-lo! Hal-lo!

Anmerkung. Dritte Stimme: ad libitam.   W. Marsano.

109. Frühlingslust.

(Bei zweistimmiger Ausführung: Tonhöhe C-dur.)

Frisch bewegt. Einzelne.   Volksweise.

1. Juch-hei! Blü-me-lein! Duf-te und blü-he!
2. Juch-hei! Lüf-te-lein! Hau-che und we-he!
3. Juch-hei! Bäch-lein klein! Rau-sche und brau-se!
4. Juch-hei! Vö-ge-lein! Klin-ge und sin-ge!
5. Juch-hei! Men-schen-herz! Klin-ge und sprin-ge!

cresc.

p   *mf*

1. Ste-cke al-le Blättchen aus, wach-se bis zum Himmel 'naus!
2. Hell der Him-mel ü-ber dir, bunt die Er-de un-ter dir!
3. Brau-se hin durch Berg und Thal, grüß' die Freunde all-zu-mal!
4. Blü-ten-hain und Son-nenschein, Frühling tanzt den bunten Reih'n!
5. Woll-test du das letz-te sein, da sich al-le Wesen freu'n?

Im Chor.

Breiter. *cresc.*

1. Juch-hei! Blü-me-lein! Duf-te und blü-he!
2. Juch-hei! Lüf-te-lein! Hau-che und we-he!
3. Juch-hei! Bäch-lein klein! Rau-sche und brau-se!
4. Juch-hei! Vö-ge-lein! Klin-ge und sin-ge!
5. Juch-hei! Men-schen-herz! Klin-ge und sprin-ge!

Anmerkung. Dritte Stimme: ad libitum.   E. M. Arndt.

110.—Frisch gesungen.

(Bei zweistimmiger Ausführung: Tonhöhe G-dur.)

Leicht bewegt.   *cresc.*   Volksweise.

mf

1. Hab' oft im Krei-se der Lie-ben in duf-ti-gem
2. Hab' ein-sam auch mich ge-här-met in ban-gem,
3. Sollst nicht uns lan-ge kla-gen, was al-les

cresc.   Einzelne.   *cresc.*

p

1. Gra-se ge-ruht und mir ein Lied-lein ge-
2. dü-ste-rem Mut, und ha-be wie-der ge-
3. dir we-he thut, nur frisch, nur frisch ge-

cresc.

mf

1. sun-gen, und mir ein Lied-lein ge-sun-gen, und
2. sun-gen, und ha-be wie-der ge-sun-gen, und
3. sun-gen, nur frisch, nur frisch ge-sun-gen, und

1. al - les, al - les war hübsch und gut.
2. al - les, al - les war wie - der gut
3. al - les, al - les wird wie - der gut

Anmerkung. Dritte Stimme: ad libitum.　　　A. v. Cha.... † 1838.

111. Zur Begrüßung des Seelsorgers oder .....rers.

Mäßig bewegt.　　　　　　　　　Au.. ...ttowski.

1. Mit der jun - gen Mor - gen - son - ne hebt sich
2. Nimm den Dank für dei - ne Leh - ren, nimm ihn
3. Einst, wenn dich nach lan - gen Jah - ren auf - nimmt

1. un - s're fro - he Brust, und mit kind - lich rei - ner
2. von uns Schülern hin! Lie - bend wol - len wir dich
3. dann die küh - le Gruft, mö - gest du das Wort er -

cresc.　　　decresc.

1. Won - ne grü - ßen wir den Tag mit Lust.
2. eh - ren, fol - gen dir mit treu - em Sinn.
3. fah - ren, wenn der Herr die Sei - nen ruft:

p

1. Krän - ze ha - ben wir ge - wun - den, Blu - men auf den
2. Wandle glücklich auf bem Pfa - de zu des Le - bens
3. Geh' in mei - nen Him - mel ein, e - wig sollst du

1. Weg ge - ftreut, und das Lied, der Bruft ent -
2. ho - hem Ziel! Wir - fe mit des Him - mels
3. bei mir fein! Mö - geft du das Wort er -

1. fdwunden, ift, o Teu - rer, dir ge - weiht!
2. Gna - de voll Ber - trau'n des Gu - ten viel!
3. fah - ren, wenn der Herr die Sei - nen ruft!

Anmerkung. Dritte Stimme: ad libitum.

112. An das Vaterland.

Mäßige Bewegung.
Inniger Ausdruck.

1—2. Ba - ter - land, Ba - ter - land, ruh' in Got - tes Hand!

1. Wenn wir dei - nen Na - men nen - nen, wird das Herz
2. Nur auf mil - den Frie - dens - au - en fann, o Bolf, dein

1. froh ent - zückt; wenn wir dei - nen Wert er - fen - nen,
2. Glück er - blüh'n; nur in ho - hem Gott - ver - trau - en

1. füh - len wir uns hoch - be - glückt.⎫ Schü - ze Gott dich vor Not!
2. frö - net Se - gen dein Bemüh'n.⎭

1—2. Ruh' in sei - ner Hand, teu - res Va - ter - land!

H. Krüsi.

113. — Gruß ans Vaterland.

Mäßig bewegt.   Nach einer Melodie von K. Wilhelm.

1. { Mein Va - ter - land, du schö - nes Land! Dich
   { dir schlägt mein Herz am fer - nen Strand, nach
2. { O Va - ter - land, du teu - res Land, mit
   { treu bleibt mein Herz dir zu - ge - wandt, es
3. { O Va - ter - land, du frei - es Land! Du
   { Treu bleibt mein Herz dir zu - ge - wandt, dir

1. { grü - ßen mei - ne Lie - der,
   { dir sehnt es sich wie - der.   Es fra - get laut im
2. { dei - nen grü - nen Ei - chen,
   { kann von dir nicht wei - chen.   Dir brin - get je - der
3. { Land der Lieb' und Treu - e!
   { weih' ich mich aufs neu - e,   und schwör' es laut mit

1. frem - den Land: Wann seh' ich dich, mein Va - ter -
2. Mor - gen - strahl der Lie - be Gruß viel tau - send -
3. Herz und Hand, dir treu zu sein, mein Va - ter -

1. land? Es fra - get laut im fer - nen Land: Wann seh' ich
2. mal. Dir brin - get je - der Morgen - strahl der Lie - be
3. land, und schwör' es laut mit Herz und Hand, dir treu zu

1. dich, mein Va-ter-land?
2. Gruß viel tau-send-mal.
3. sein, mein Va-ter-land!

114. Das Lied der Deutschen.

Mäßig bewegt.   Volksweise. (Jos. Haydn, † 1809.)

1. Deutsch-land, Deutsch-land ü-ber al-les, ü-ber
   wenn es stets zu Schutz und Trut-ze brü-der-
2. Deut-sche Sit-te, deut-sche Treu-e, deut-scher
   sol-len in der Welt be-hal-ten ih-ren
3. Ei-nig-keit und Recht und Frei-heit für das
   Da-nach laßt uns al-le stre-ben brü-der-

1. al-les in der Welt, Von der Maas bis an die
   lich zu-sam-men-hält!
2. Mut und deut-scher Sang, uns zu ed-ler That be-
   al-ten schö-nen Klang,
3. deut-sche Va-ter-land! Ei-nig-keit und Recht und
   lich mit Herz und Hand!

1. Me-mel, von der Etsch bis an den Belt—Deutschland,Deutschland
2. gei-stern un-ser gan-zes Le-ben lang—deut-sche Sit-te,
3. Frei-heit sind des Glü-ckes Un-ter-pfand—blüh' im Glan-ze

1. ü-ber al-les, ü-ber al-les in der Welt!
2. deut-sche Treu-e, deut-scher Mut uud deut-scher Sang!
3. die-ses Glü-ckes, blü-he, deut-sches Va-ter-land!

                     H. H. v. F.

115.– Dem Kaiser.–

Mit innigem Ausdruck. Nicht zu schnell.

1. Grüß Gott, grüß Gott viel tau-send-mal, mein Kai-ser, grüß dich
2. All-weg das Schwert in ta-pf'rer Hand hieltst du in Sturm und
3. Auf-sproßt an dei-nem Kai-ser-thron der deutschen Ei-che

1. Gott! Im Son-nenglühn, im Flammenstrahl, mit dir Gott Ze-ba-
2. Nacht fürs gan-ze deut-sche Va-ter-land in Treu' die Kai-ser-
3. Bau und wöl-bet sei-nen grü-nen Dom in Pracht von Gau zu

1. oth! Mag's wet-tern, don-ner-tö-nig, mag's säu-seln, frie-dens-
2. wacht. Dein Schwert zählt vie-le Sie-ge, dein ed-les Herz noch
3. Gau. Durch sei-ne Frühlings-rei-ser rauscht's hin im Frie-dens-

1. mild, der Herr, mein „Kai-ser-Kö-nig," der Herr, dein Schirm und
2. mehr, im Frie-den, wie im Krie-ge trittst du als Sie-ger
3. glanz: Heil un-serm Hel-den-kai-ser! Heil dir im Sie-ger-

1. der Herr, dein Schild!
2. als Sie-ger her!
3. im Sie-ger-kranz!

cresc.   dim.

1. Schild! Der Herr, mein „Kaiser-Kö-nig,"   der Herr dein Schild!
2. her, im Frie-den, wie im Kriege,   als Sie-ger her!
3. kranz! Heil un-serm Helden-kaiser,   im Sie-ger-kranz!

C. Fürste.

116. Gebet für Kaiser und Reich.

A. v. Lwoff, † 1870.

1. Gott sei des Kai - sers Schutz! Mäch - tig und wei - se,
2. Gott sei des Rei - ches Schutz! Ei - nig und kraft - voll
3. Kö - nig der Kö - ni - ge, huld - voll und gnä - dig

1. herrsch' er zum Ruh - me, zum Ruh - me uns;
2. steh' es auf Fel - sen, auf Fel - sen - grund.
3. bli - cke her - ab du, her - ab auf uns!

1. furcht - bar den Fein - den stets, stark durch den Glau - ben.
2. Gü - te und Treu - e mag hier sich be - geg - nen.
3. Gieb, daß Ge - rech - tig - keit stets uns er - hö - he.

1. Gott sei des Kai - sers, des Kai - sers Schutz!
2. Gott sei des Rei - ches, des Rei - ches Schutz!
3. Gott sei des Kai - sers, des Rei - ches Schutz!

Dr. H. Schmidt.

117. Aus großer Zeit. (1870/71.)

In freiem Rhythmus und mit ausdrucksvoller Betonung.

Sopran und Alt (Halbchor). W. Kothe.

1. Es zog zum Kampf ins wel - sche Land das deut - sche Heer,
2. Es führ - te un - ser Heer ins Feld der Kö - nigsgreis,
3. Wie ha - ben deutschen Ruhm ge - mehrt die Ta - ge „Wei-
4. Bei Metz, o Fel - der blu - tig - rot, welch' Ern - te hielt
5. Se - dan, o schön - ster deut - scher Sieg, vom Thro - ne Frank-
6. Und wei - ter ging es Schlag auf Schlag, bis selbst ganz Frank-

cresc.

1. von Mut entbrannt: be - geistert stand ganz Deutschland auf vom Bernstein-
2. der ho - he Held. Wie schleuderten den Sie - ges - blitz Prinz Friedrich
3. ßenburg "und "Wörth"! Wie brauste laut der Waf - fen - schall auf Spicherns
4. all - hier der Tod! Doch herrlich stieg der Sieg em - por, wie nie er-
5. reichs Kai - ser stieg: es sank das Heer, er selbst da - hin, da gab es
6. reich nie - der - lag, und furchtbar war der Hauptstadt Fall durch Hunger

ritard. Frisch bewegt.
Ganzer Chor.

1. meer zum Rhei - nes - lauf. O gro - ße Zeit, o
2. Karl und un - ser Fritz! Dir, gro - ße Zeit, dir,
3. stei - lem Ber - ges - wall! O gro - ße Zeit, o
4. kämpft er ward zu - vor. Dir, gro - ße Zeit, dir,
5. für - der kein Entflieh'n. Dir, größ - tem Tag in
6. und Ka - no - nen - schall. Dir, gro - ße Zeit, dir,

rit.

1. heil' - ge Zeit, voll Stolz sei dir mein Lied ge - weiht!
2. heil' - ge Zeit, be - gei - stert sei dies Lied ge - weiht!
3. heil' - ge Zeit, voll Lob sei dir mein Lied ge - weiht!
4. heil' - ge Zeit, be - wun - dernd sei dies Lied ge - weiht!
5. gro - ßer Zeit, sei ju - belnd die - ses Lied ge - weiht!
6. heil' - ge Zeit, lob - prei - send sei dies Lied ge - weiht!

7. Und neu erstand in gro-ßer Zeit des deut-schen Rei-ches Herr-lich-keit! Held Wilhelm ward als schön-ster Lohn vom deut-schen Volk' die Kai-ser-kron'. O Hel-den-zeit, o heil'-ge Zeit, mein Preis und Dank sei dir ge-weiht! O gro-ße Zeit, o heil'-ge Zeit, stets sei dir Lob und Dank ge-weiht!

A. Nieder. (Aus: „Für Kaiser und Reich.")

Anm. Dritte Stimme: ad libitum.

118. Bei Sedan.

Mit Nachdruck.

Sopran und Alt (Halbchor). W. Kothe

1. Was don-nern die Ka-no-nen, was kün-det der
2. Laßt Sie-ges-fah-nen pran-gen, die Welt hat
3. Es ward ei-ne Schlacht ge-schla-gen bei Beau-mont

ritard.

Leichtere Bewegung.
Ganzer Chor.

mf

1. Glok = ken Mund?   Den   Deut=schen   in   al = len
2. wie = der Ruh'!   Das fran = zö = si = sche Heer ge=
3. auf dem Feld,   da = von wird man sin = gen und

1. Zo = nen   wird die   freu = di = ge Mä = re   kund, den
2. fan = gen,   und der   Kai = fer, der Kai = fer da = zu, das fran=
3. fa = gen   bis ans   En = de, das En = de der Welt, da=

cresc.

3   3

1. Deut=schen in al = len   Zo = nen   wird die freu = di = ge
2. zö = si = sche Heer ge = fan = gen,   und der Kai = fer, der
3. von wird man sin = gen und fa = gen   bis ans En = de, das

Ernst und getragen.
Sopran und Alt (Halbchor).

p

1. Mä = re   kund.
2. Kai = fer da = zu!   4. Da schlug fei = ne Schick = fals=
3. En = de der Welt.

mf

stun = de dem „drit ten Na = po = le = on"; da blu = tet an

schwe - rer Wun - de der Mar - schall „Mac Ma - hon"!

Erstes Zeitmaß.   ritard.

5. Drum don-nern die Ka - no - nen, drum dröhnt der Glok-ken
6. Es donn'-re ju - bel - tö - nig hin - aus ü - ber Land und

Leichtere Bewegung.
Ganzer Chor.

5. Mund,   den Deut-schen in al - len Zo - nen wird die
6. Meer: Heil Deutschlands Hel-den-kö - nig! Heil

cres - cen - do.

5. freu - di - ge Mä - re kund, den Deut-schen in al - len
6. Deutschlands Hel - den - heer! Heil Deutschlands Hel - den-

5. Zo - nen wird die freud' - ge Mä - re kund!
6. kö - nig! Heil auch Deutschlands Hel-den - heer!

F. M. v. Bodenstedt.

Anm. Dritte und vierte Stimme: ad libitum.

119. Kaiſer-Hymne.

Friſch bewegt.

Ausdruck freudiger Erhebung.

W. Kothe.*)

1. „Heil Dir, Fürſt auf deut - ſchem Thro - ne!“ ju - beln
2. Hoff - nungs-voll nach lan - gem Za - gen, doch er -
3. Flat - tert ju - belnd, deut - ſche Fahnen! Heil dir,

1. heut' in Wort und Lied froh - be - wegt dem Zol - lern-
2. probt in ſchwe - rem Leid, ſchwur Dein Volk nach dunk - len
3. Fürſt, auf ſtol - zem Thron', En - kel Dei - nes gro - ßen

1. ſoh - ne Deutſch-lands Gau'n in Nord und Süd. Auf dem
2. Ta - gen, ei - nig Dir der Treu - e Eid; Freu - de
3. Ah - nen und des ed - len Fried-richs Sohn. Heil, mein

*) Dem erſten Teile der Kompoſition (Takt 1—8) liegt die Melodie des
gleichnamigen Feſtgeſanges von Th. Kewitſch zu Grunde.

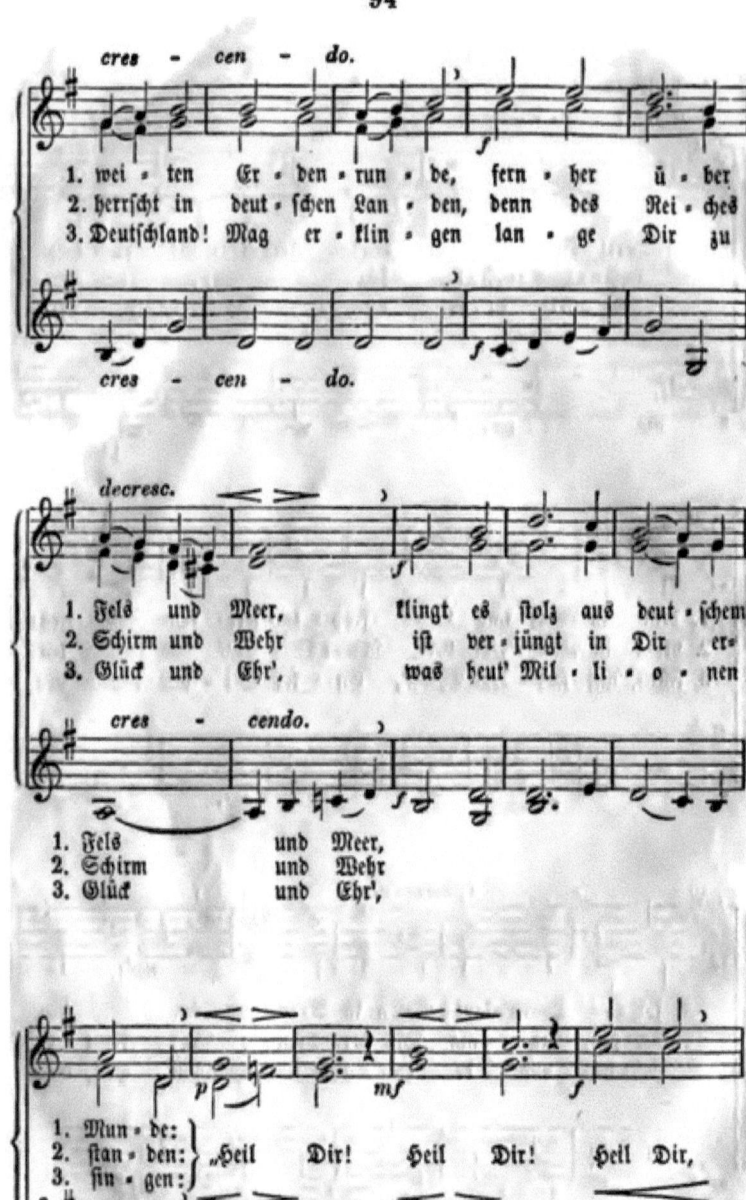

1-3. Kai - ser, hoch und hehr! Heil Dir,

, Heil Dir, Heil Dir

1-3. Kai - ser, hoch und hehr!"

Kai - ser,

rit.

rit.

Rud. Nawrocki.

Anhang.

(Dreistimmige Gesänge.)

---

1. Danklied.

Mäßig.   K. Schulz, † 1850.

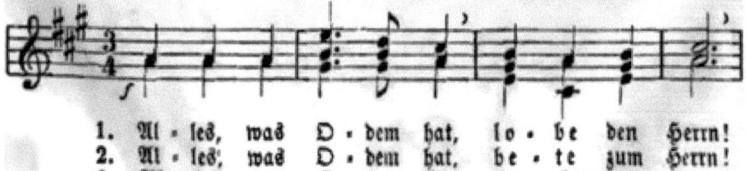

1. Dan - ket dem Herrn! Wir dan - ken dem Herrn! Denn er ist
2. Lo - bet den Herrn! Ja, lo - be den Herrn, auch mei - ne
3. Sein ist die Macht! All - mäch - tig ist Gott! sein Thun ist
4. Groß ist der Herr! Ja, groß ist der Herr; sein Nam' ist
5. An - be - tung ihm! An - be - tung dem Herrn, mit ho - her

1. freundlich, und sei - ne Gü - te wäh - ret e - wig - lich.
2. See - le, ver - giß es nie, was er dir Gut's ge - than!
3. wei - se, und sei - ne Huld wird je - den Mor - gen neu.
4. hei - lig, und al - le Welt ist sei - ner Eh - re voll.
5. Ehr - furcht werd' auch von uns sein Na - me stets ge - nannt!

C. F. W. Herrosee, † 1821 in Berlin.

2. Lobgesang.

Feierlich.   J. Fr. Reichardt. 1751—1814.

1. Al - les, was O - dem hat, lo - be den Herrn!
2. Al - les, was O - dem hat, be - te zum Herrn!
3. Al - les, was O - dem hat, lie - be den Herrn!
4. Al - les, was O - dem hat, dan - ke dem Herrn!

cres - - cen - - do

1. Andacht und hei - li - ge Won - ne durch-drin - ge
2. Licht-glanz ent-strö - met dem Thro - ne, wo-rauf er
3. Ur - quell der lau - ter - sten Lie - be ist Gott, und
4. Huld-voll, er - bar - mend und gnä - dig, be - glückt er

1. un - ser al - ler See - len ganz!
2. sitzt in sei - ner Herr - lich - keit.
3. war's und bleibt's in E - wig - keit.
4. gern mit Wonn' und Se - lig - keit.

S. G. Bürde, 1753—1831.

3. Altes Weihnachtslied.

Ausdruck kindlicher Freude.
Getragen.

Nach Joh. Schweizer, Kooperator
am Dome zu Freiburg i. B.

mf

1. Dich grü - ßen wir, o Je - su - lein, schön's Kin-de-lein! Wir
2. Wie arm bist du in die - sem Stall, reich' Kin-de-lein! Dein
3. Wie schwach bist du in die - ser Welt, stark Je - su - lein! Du,
4. Wie liegst du hier so ganz ver-acht', schön's Kin-de-lein! Da-
5. Nimm hin mein Herz, gib mir das dein', süß' Her - ze - lein! Laß

1. wol - len all' dein ei - gen sein, herz - lieb - stes
2. Reich-tum ziert des Him-mels Saal, o ar - mes
3. des - sen Kraft die Welt er - hält, o schwa-ches
4. zu hat dich die Lieb' ge - bracht, herz - lie - bes
5. bei - de Her - zen ein Herz sein, o her - zig's

dim.

Dritte Stimme: ad libitum.

1. Je - su - lein, herz-lieb-stes Je - su - lein!
2. Je - su - lein, o ar - mes Je - su - lein!
3. Kin - de - lein, o schwaches Kin - de - lein!
4. Je - su - lein, herz-lie - bes Je - su - lein!
5. Je - su - lein, o her - zig's Je - su - lein! Aus Bone's: „Kantate".

4. Des Herrn Einzug.

Mäßig.
Einzelne.

Aus dem Oratorium „Judas Maccabäus" von
G. F. Händel, † 1759 zu London.

1. Toch - ter Zi - on, freu - e dich!
2. Ho - si - an - na, Da - vids Sohn!
3. Ho - si - an - na, Da - vids Sohn!

Ende.

1. jauch - ze laut, Je - ru - sa - lem!
2. sei ge - seg - net dei - nem Volk!
3. sei ge - grü - ßet, Kö - nig, mild!

mf

1. Sieh', dein Kö - nig kommt zu dir!
2. Grün - de nur dein ew' - ges Reich!
3. E - wig steht dein Frie - dens - thron,

Von Anfang im Chor.

1. ja, er kommt, der Frie - de - fürst.
2. Ho - si - an - na in der Höh'!
3. du, des ew' - gen Va - ters Kind!

Anm. Dritte Stimme: ad libitum.

5. O stille Nacht!

Langsam.

p

1. Die Abend-glok-ken ru - fen das wei-te Thal zur Ruh', die
2. Da schmücket sich der Him-mel mit Sternen groß und klein, da

1. Her-den von den Ber-gen, sie zieh'n dem Dörfchen zu. Welch
2. kommt der Mond ge-zo-gen in hel-lem De-mant-schein. Wo-

1. fei-er-li-ches Schweigen! die Blu-men all' sich nei-gen, sie
2. hin ich im-mer spä-he, fühlt al-les dei-ne Nä-he, fühlt

1. kommt in ih-rer Pracht, die stil-le Nacht, die
2. al-les dei-ne Macht, o stil-le Nacht, o

1. stil-le Nacht, die stil-le Nacht!
2. stil-le Nacht, o stil-le Nacht!

6. Zur Begrüßung des Pfarrers.

In mäßiger Bewegung.   A. Kothe.

1. Sieh', Ew' - ger, von des Him - mels Höh'n her-
2. Er - gie - ße Se - gen auf sein Haupt, be-

1. ab auf unf' - re Reih'n, er - hö - re gnä - dig
2. glük - te, Herr, ihn ganz; er werd' von En - geln

1. un - ser Fleh'n, das wir dem Hir - ten
2. einst um - laubt mit e - wig grü - nem

1. weih'n.   Du kennst das Herz!
2. Kranz!   Er le - be hoch!

1. Du kennst das Herz!   Du kennst den
2. Er le - be hoch!   Er le - be

1. Du kennst den Sinn!   Nimm, Va - ter, unf' - re
2. Er le - be lang!   So un - ser Wunsch im

1. Sinn!   Nimm, Va - ter,
2. lang!   So un - ser

1. Wünsche hin, nimm, Vater, unf're Wünsche hin!
2. Festgesang, so unser Wunsch im Festgesang!

7. Toast.

Mit Nachdruck.

Er lebe hoch! Er lebe hoch! Er lebe

hoch! Er lebe hoch! Er lebe hoch!

—8. Gesang im Grünen.

Nach einem Chor von J. Faißt, Professor der Musik in Stuttgart.

Mäßig bewegt.

1. Im Wald, im hellen Sonnenschein, wenn alle
2. Und sie verstehen mich gar fein, die Blätter

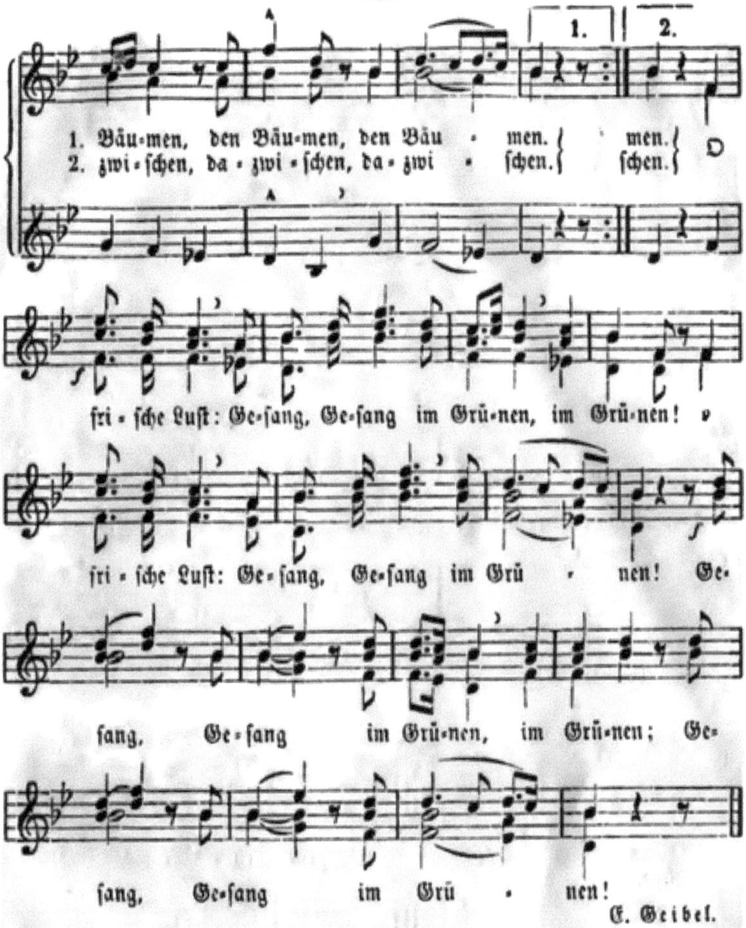

1. Bäu-men, den Bäu-men, den Bäu · men. men.
2. zwi-schen, da-zwi-schen, da-zwi · schen. schen.

fri·sche Lust: Ge·sang, Ge·sang im Grü-nen, im Grü-nen!

fri·sche Lust: Ge·sang, Ge·sang im Grü · nen! Ge-

sang, Ge·sang im Grü-nen, im Grü-nen; Ge-

sang, Ge·sang im Grü · nen!

E. Geibel.

9. Abendchor.

C. Kreuzer, Kapellmeister in Stuttgart, später in Wien. † 1849 zu Riga.

Mäßig bewegt.

pp
Schon die A · bend · glok · ten klan · gen,

pp

schau-rig weht die Nacht, wie auch schau-rig weht die

Nacht: Ei-ner ist, der für uns wacht! wacht, Ei-ner

ist, der für uns wacht! Anm. Bei der dreistimmigen Ausfüh-
rung fallen die kleineren Noten fort!

10. Gottvertrauen.

Getragen.   Melodie von K. Malan.

1—2. Har - re, mei - ne See - le, har - re des Herrn!

1—2. Al - les ihm be - feh - le, hilft er doch so gern.

Einzelne; die Wiederholung im Chor.

1. Sei un-ver-zagt, bald der Mor-gen tagt,
2. Wenn al-les bricht, Gott ver-läßt uns nicht,

1. und ein neu-er Früh-ling folgt dem Win-ter nach!
2. grö-ßer, als der Hel-fer, ist die Not ja nicht.

1. In al-len Stür-men, in al-ler Not
2. E-wi-ge Treu-e, Ret-ter in Not.

1. wird er dich be-schir-men, der treu-e Gott!
2. rett' auch uns're See-le, du treu-er Gott!

Fr. Räder.

11. Jesus über alles.

Mäßig.

Je-sus, dir leb' ich! Je-sus, dir sterb' ich!

cresc.   Dritte Stimme: ad libitum.

Je-sus, dein bin ich im Le-ben und im Tod'!

12. Gebet.

Melodie v. J. Chr. Gluck, † 1787 zu Wien.

Getragen.

1. Leih' aus dei - nes Him - mels Hö - hen
2. Du al - lein aus ew' - ger Gna - de

1. uns, o Gott, ein wil - lig Ohr; bis zu
2. kennst und gibst, was uns ge - bricht, und auf

1. dei - nem Thron em - por stei - ge dei - ner
2. un - sers Le - bens Pfa - de bist du

1. Kin - der fle - hen!
2. Trost und Heil und Licht!

13. Zum heiligen Schutzengel.

Mäßig bewegt.   cresc. Geistl. Volkslied.

1. O En-gel rein, o Schüt-zer mein, du
2. Der Tag schleicht hin, die Nacht geht an, dein
3. Trag' mein Ge-bet zu Got-tes Thron, und
4. Weck' mich aus al-ler Träg-heit auf, zur
5. Be-schüt-ze mich im letz-ten Streit, wann

decresc.

1. mei-nes Got-tes Ga-be, laß mich dir an-be-
2. Licht in mir laß schei-nen; zum Gu-ten mich all-
3. fleh' für mei-ne Sün-den; durch sei-nen ein-ge-
4. Tu-gend mich an-trei-be; halt' vor den kur-zen
5. Leib und Seel' sich schei-den; be-glei-te mich zur

Anm. Dritte Stimme: ad libitum.

1. foh-len sein, so lang' ich A-tem ha-be.
2. zeit er-mahn', mein Herz richt' nach dem dei-nen!
3. bor-nen Sohn hilf mir Ver-zei-hung fin-den!
4. Le-bens-lauf, den Tod ins Herz mir schrei-be!
5. E-wig-keit, wo Freud' ist oh-ne Lei-den.

Aus H. Bone's: „Kantate."

14. Zur heiligen Jungfrau. Geistliches Volkslied.

Ruhig, mild.   cresc.

1. { Wun-der-schön präch-ti-ge, hei-li-ge, mäch-ti-ge,
   { Wel-cher auf e-wig-lich kind-lich ver-bin-de mich,
2. { Die Sonn' be-glei-tet dich, es un-ter-wer-fet sich
   { Kein' Un-voll-kom-men-heit min-dert dein' Herr-lich-keit,
3. { Gott dich er-wäh-let hat zu ih-rer Zu-fluchts-statt
   { Du bist die Hel-fer-in, du bist die Ret-ter-in,
4. { In die-sem Jam-mer-thal ru-fen wir all zu-mal
   { Ver-laß nicht die Die-ner dein, die dir er-ge-ben sein!
5. { Um die-se Gnad' al-lein, Ma-ri-a, Jung-frau rein,
   { Und uns ganz schen-ken wir, Ma-ri-a, Jung-frau, dir!

lieb-reich hold - se - li - ge, himm - li - sche Frau!
1. ja mich mit Leib und mit See - le ver - trau'!
2. zu dei - nen Fü - ßen der sil - ber - ne Mond.
um dein Haupt zie - ben die Stern' ei - ne Kron'
3. al - len Be - drängten und Sün - dern ins g'mein.
so groß auch im - mer der Jam - mer mag sein.
4. zu dir, o Jungfrau, aus E - lend und Not:
ver - laß uns al - le nicht, ver - laß uns nicht!
5. wir all' von Her - zen nun fle - hen dich an!
Al - le, ja al - le, so vie - le wir sind.

Einzelne.

1. Wil - lig mein Le - ben will ich dir ge - ben;
2. Al - les, was le - bet, al - les, was schwe - bet,
3. Vor al - len Ge - fah - ren wirst du be - wah - ren,
4. Uns al - le lei - te und für uns strei - te,
5. In al - lem Le - ben sind dir er - ge - ben, in

cresc.

1. al - les, ja al - les, was im - mer ich bin,
2. al - les, was Him - mel und Er - de schließt ein,
3. ein gan - zes Feindsheer ver - til - gen gar bald
4. füh - re, re - gie - re, ver - schaf - fe, daß all'
5. Lei - den und Freu - den, in Kum - mer und Not,

Vom Chor wiederholt.

Dritte Stimme: ad libitum.

1. geb' ich mit Freu - den, Ma - ri - a, dir hin.
2. muß dei - ner Ma - je - stät un - ter - than sein!
3. aus dir ver - lieh' - ner und himm - li - scher Gewalt.
4. wir ein - stens ein - geh'n zum himm - li - schen Saal!
5. bis uns zu dir nimmt der end - li - che Tod. In

Aus: „Des Knaben Wunderhorn."

15. Opfergesang.

Mäßig bewegt.

Melodie v. K. Aiblinger, Kapellmeister in
München, † 1867.

1. Wir schmücken dir dein gol - den Haar mit Ro - sen-
2. Und dir soll sein ein Eh - ren - kranz mit hel - lem
3. Und aus der Brust der Kin - der all' er - klingt mit
4. Zu dir bin - an, Ma - ri - a rein; o nimm es

Einzelne.

1. zier und Li - lien klar, und rings die
2. Schein der Ker - zen Glanz. Ma - ri - a
3. Lust der Lie - der Schall. Mit Lust er-
4. an und weih' es ein! Du lich - ter

1. Luft durch - wür - zen wir mit Weih-rauch-
2. mild! im Stau - be hier, vor dei - nem
3. klingt der Lie - der Chor, ihr Herz sich
4. Stern, o mach' es klar und bring's dem

Vom Chor wiederholt.

1. duft, Ma - ri - a, dir.
2. Bild, da knie - en wir.
3. schwingt zu dir em - por.
4. Herrn zum Op - fer dar!

G. Görres, † 1852 zu München.

16. Kindheit-Jesu-Lied.

Ausbruck inniger, kindlicher Bitte.   Mel. v. K. Aiblinger.

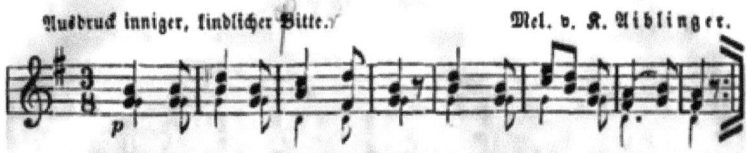

1.
O, du lie-bes Je-fu-kind, laß dich viel-mal grü-ßen!
Al-le Kin-der, die hier sind, fal-len dir zu Fü-ßen.

2.
O, du sü-ßes Je-fu-kind, in der Kripp' im Stal-le
weh-te gar so kalt der Wind, litt'st du für uns al-le.

3.
Und dann blei-be auch da-rin, daß nun fromm wir wer-den.
Mach' aus uns, mit rei-nem Sinn, Schäfchen dei-ner Her-den,

4.
Lieb-ftes Je-fu-kind, wie früh, in wie jun-gen Jah-ren,
haft du schon so man-che Müh', manches Kreuz er-fah-ren.

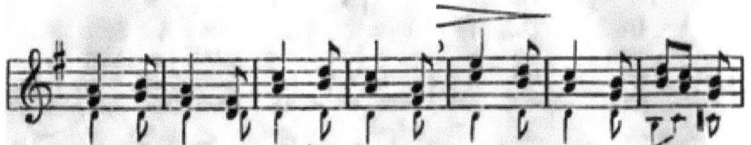

1. All' um dei-ne Lie-be bit-ten, die so viel für uns ge-

2. A-ber jetzt sollst warm du lie-gen; jetzt soll un-fer Herz dich

3. die nach dei-nem Wohlge-fal-len nim-mer in die Sün-de

4. Kommt's für uns in spä-tern Jah-ren, o, so leh-re uns es

Dritte Stimme: ad libitum.

1. lit-ten. Schenk' uns dei-ne Lie-be! Schenk' uns dei-ne Lie-be!

2. wie-gen: Komm' in un-f're Her-zen, komm' in un-f're Her-zen!

3. fal-len, stets das Bö-fe mei-den, stets das Bö-fe mei-den.

4. tra-gen, treu dir nach-zu-fol-gen, treu dir nach-zu-fol-gen.

5. So viel tausend Segen haft du gebracht der Erde, o, daß unser Sinn erfaßt von dem Heile werde, daß auch wir im frommen Lieben unser Leben lang uns üben |: und dich nie betrüben. :|

6. Öffne deine Segenshand auch für jene Kleinen, die im fernen Heidenland so verlassen weinen. Segne die Gebet' und Spenden, die wir gläubig ihnen senden, |: laß dein Heil sie finden! :|

7. O, du süßes Jesukind, höre unser Flehen! Laß die Kinder, die hier sind, in den Himmel gehen, daß sie mit den Engeln droben dich und deine Mutter loben: |: Jesus und Maria! :|

17. Weihnachtslied.
(Schlummerlied der Hirten.)

Andächtig. Mäßige Bewegung.   Melodie von A. Neuner.

1. Schlaf' wohl, du Him-mels-kna-be, du! schlaf wohl, du sü-ßes
2. Ma-ri-a hat mit Mut-ter-blick (pp) dich lei-se zu-ge-
3. Bald wirst du groß, dann fließt dein Blut von Gol-ga-tha her-
4. So schlummert in der Mut-ter Schoß noch man-ches Kind-lein

1. Kind! Dich fä-cheln En-ge-lein in Ruh mit
2. deckt, und Jo-seph hält den Hauch zu-rück, daß
3. ab; ans Kreuz schlägt dich der Men-schen Wut, dann
4. ein; doch wird das ar-me Kind-lein groß, so

1. sanf-tem Him-mels-wind, mit sanf-tem Him-mels-
2. er dich nicht er-weckt, daß er dich nicht er-
3. legt man dich ins Grab, dann legt man dich ins
4. fühlt es Angst und Pein, so fühlt es Angst und

1. wind. Wir ar-men Hir-ten sin-gen hier ein her-zig Wie-gen-
2. weckt. Die Schäflein, die im Stal-le sind, ver-stummen vor dem
3. Grab. Hab' im-mer dei-ne Aug-lein zu, denn du bedarfst der
4. Pein. O Je-su-lein, durch dei-ne Huld hilf ih-nen tra-gen

1. lied-lein dir: }
2. Him-mels-kind.
3. sanf-ten Ruh.
4. mit Ge-duld.

Anm. Die dritte Stimme: ad libitum.
1—4. Schlafe, Him-mels-söhn-chen, schla-fe!

Zweite Melodie. *)

1. { Schlaf' wohl, du Him - mels - kna - be, du! schlaf' wohl, du
   { Dich fä - cheln En - ge - lein in Ruh' mit sanf - tem

1. { sü - ßes Kind!
   { Him - mels - wind. } Wir ar - men Hir - ten sin - gen hier ein

1. her - zig Wie - gen - lied - lein dir: Schla - fe,

1. schla - fe, Him - mels = söhn - chen, schla - fe!

Die dritte Stimme: ad libitum.

*) Mit freundlicher Bewilligung von J. Franke's Verlagshandlung in Habelschwerdt abgedruckt aus dem „Kathol. Gesang- und Gebetbuch für die Grafschaft Glaß".

18. Lobgesang.

Feierlich.   J. H. Rolle, 1718—1785, Organist zu Magdeburg.

1. Lobt den Herrn! Lobt den Herrn! Die
2. Lobt den Herrn! Lobt den Herrn! In

3. Lobt den Herrn! Lobt den Herrn! Ihm

1. Mor - gen - son - ne weckt die Flur aus
2. frü - hen Düf - ten lo - bet ihn der

3. werd' auf Er - den und im Him - mel

8*

1. ih - ter Ruh', und der gan - zen Schöpfung
2. Blu - men Flor, auf den Wip-feln, in den

3. Lob ge - bracht; laß uns täg - lich bef - fer

1. Wonne strömt ver - jüngt uns wie - der zu!
2. Lüf - ten fin - get ihm der Vö - gel Chor.

3. wer - den, schirm' uns, Herr, mit dei - ner Macht!

18b. Zur Begrüßung des hochwürdigsten Oberhirten.

(Melodie: Anh. Nr. 4.)

1. Auf, meine Seele, freue dich! Jauchze laut und preise deinen Gott, der den Tag gemacht, so groß und wonnereich! Denn er ist da, der Gnade bringt vom Herrn.

2. Kindheit und Jugend, nah' dem Vater dich, der, gesandt vom Himmel, dich zu segnen kommt! Ecce, ecce sacerdos magnus! Ecce, qui venit in nomine domini.   F. X. Görlich.

19. Gebet.

Mäßig bewegt.   C. H. Mehul, † 1817 zu Paris.

1. Hör' uns! Herr, un - ser Gott! Va - ter, al - ler
2. Hör' uns! Herr, un = ser Gott! Wah-re uns vor

3. Hör' uns! Herr, un - ser Gott! Bald ist ü - ber-

1. We·fen! gib un·frer Ar·beit doch Ge·deih'n'
2. Scha·den! Laß' all' Ge·fähr·de fern uns fein!

3. wun·den all' Leid und Schmerz der Pil·ger·zeit;

1. Seg·ne dein Volk, das du er·le·fen!
2. Schüt·ze dein Volk! Va·ter der Gna·den!

3. himm·li·fche Ruh' folgt ban·gen Stun·den,

1. Auf dei·nen Schuß bau'n wir al·lein!
2. Auf dich, o Herr, bau'n wir al·lein!

3. herr·li·cher Sieg nach Not und Streit!

20. Gebet für Kaiser und Reich.

(Nach voriger Weise.)

1. Hör' uns! Gott Zebaoth, dir allein die Ehre! Der du den Kaiser haft erhöht, daß er im Reich das Gute mehre: Herr, hör' dein Volk, das Heil erfleht!

2. Hör' uns! Herr, unfer Gott, gib uns deinen Frieden! Laß Segen triefen von dem Thron! Mit dir, ohn' Furcht, fei uns befchieden, ftets eins zu fein! Herr, bei uns wohn'!

Fr. W. Kühler.

21. Lob Gottes.*)

J. Schnabel, † 1813 als Dom-Kapellmeister zu Breslau.

*) Aus dem Psalm: „Herr, unser Gott!" für Männerstimmen komponiert von J. Schnabel, mit Genehmigung des Verlegers, Herrn Konstantin Sander, Firma: F. E. Leuckart in Breslau, abgedruckt.

Druck von Breitkopf und Härtel in Leipzig.